Frank / Eckers • Bewegungsförderung

Gerhard Frank / Bärbel Eckers

Erfolgreiche Bewegungsförderung für Kinder

Eine Übungssammlung mit Alltagsmaterialien und Kleingeräten

5., korrigierte und erweiterte Auflage

Limpert Verlag Wiebelsheim

Die Ratschläge in diesem Buch sind von den Autoren und dem Verlag sorgfältig erwogen und geprüft, dennoch kann keine Garantie übernommen werden. Eine Haftung der Autoren bzw. des Verlages und seiner Beauftragten für Personen-, Sach- und Vermögensschäden ist ausgeschlossen.

Bibliografische Information Der Deutschen Bibliothek
Die Deutsche Bibliothek verzeichnet diese Publikation in der Deutschen Nationalbibliografie; detaillierte bibliografische Daten sind im Internet unter http://dnb.ddb.de abrufbar.

5., korrigierte und erweiterte Auflage 2011

www.verlagsgemeinschaft.com

Zeichnungen: Kasia Sander, Recklinghausen
Fotos: Gerhard Frank,Wahlstedt ; B. Eckers / Weinberger ,Kiel
Druck und Verarbeitung: M.P. Media-Print Informationstechnologie GmbH, Paderborn
Printed in Germany/Imprimé en Allemagne
ISBN 978-3-7853-1831-7

Inhalt

Vorwort

Lehrkräfte, Trainer und Übungsleiter versuchen Woche für Woche und Jahr für Jahr, dem Sportunterricht neue Impulse zu geben und erfüllen damit eine große soziale Aufgabe. Grundbausteine einer optimalen Arbeit liegen in der Erweiterung der Vielseitigkeit, in der Abwechslung und Selbstständigkeit, Originalität, Freiwilligkeit, Spannung sowie in der Kooperation und Kommunikation.
Sport unter einfachen Bedingungen transparent zu machen, ist eine Intention dieser Arbeitshilfen. Die Übungsbeispiele sollen allerdings nicht als „Kochrezepte" übernommen werden. Sie verdeutlichen Inhalte einer optimalen praktischen Arbeit im Elementarbereich, aber auch im Sportförderunterricht der Grundschule. Dabei wollen wir Möglichkeiten aufzeigen, wie neben motorischen auch soziale, emotionale und kognitive Zielsetzungen verwirklicht werden können.

Wahlstedt/Kiel, im April 1996

Vorwort zur 5. Auflage

In unserer Sportpraxis mit Kindern begegnen uns immer mehr Mädchen und Jungen mit sensomotorischen Integrationsstörungen. Mit der verbesserten 5.Auflage möchten wir weiterhin den Erziehern, LehrerInnen, Übungsleitern in den Sportvereinen und Multiplikatoren in Fortbildungsinstitutionen Unterrichtshilfen für die Bewegungserziehung anbieten.Durch eine praxisnahe Umsetzung von Bewegungsaufgaben mit Alltagsmaterialien und Kleingeräten können wir viele Wahrnehmungskanäle aktivieren und besonders ängstlichen und ungeschickten Kindern positive Lernerfahrungen vermitteln.

Wahlstedt/Kiel, im Sommer 2010

1 Praxisnahes Handeln im Sportunterricht

1.1 Inhalte und Ziele

Die neuzeitlichen Veränderungen im Alltag unserer Kinder sind geprägt von Bewegungsarmut, Reizüberflutung durch starke mediale Präsenz sowie oft durch falsche Ernährung (Übergewicht, Adipositas) und gehen einher mit einer starken Verminderung von verschiedenen Wahrnehmungskriterien aller Sinnesorgane. Dieses Defizit sollten wir durch sportliche Aktivitäten in einer bewegungsreizvollen Umgebung (z. B. in der Turnhalle, auf dem Rasen, im Wasser etc.) ausleben lassen. Attraktive Bewegungsaufgaben ermöglichen dem Lehrenden im personalen und im sozialen Bereich, sozialintegrative Wirkungen aufzuzeigen, die zur Persönlichkeitsentwicklung beitragen bzw. Konfliktsituationen neutralisieren können. Außerdem bietet Sport ein zusätzliches Aufgabenfeld, um gruppendynamische Bildungsziele zu erreichen.

Motorisches Handeln manifestiert sich im Sport als ausgleichende Förderung in der Entwicklung des Kindes. Nicht nur Freude an der Bewegung und am Spiel wird geweckt, es werden auch kognitive, affektive und soziale Erfahrungen gewonnen. Kleine Spiele senden für die Werteerziehung positive Signale aus, weil man miteinander oder gegeneinander spielt, sich unbewusst leistungsmäßig misst, dabei gewinnt, aber auch verliert; also mit Sieg und Niederlage umzugehen lernt. Kinder erobern sich ihre Umwelt durch Bewegung.

Oft wird der Sport im Primar- und Elementarbereich als frühzeitige Talentfindung für den Verein gesehen. Prämisse im Handlungsvollzug der drei- bis sechsjährigen Kinder darf jedoch niemals die optimale Realisierung einer sporttechnischen Bewegung sein. Kinder sollen in einem vorsichtigen, auf ihrem Funktionsniveau aufbauenden Üben eine persönliche Leistungssteigerung und damit eine Erhöhung ihres Selbstvertrauens und Selbstwertgefühls erfahren. Handeln im Sport kann somit ein wesentliches Merkmal für die Persönlichkeitsentwicklung bedeuten und künftiges Freizeitverhalten zugunsten einer gesundheitsfördernden Bewegung prägen.

Die Inhalte einer frühzeitigen Bewegungserziehung werden in der didaktisch-methodischen Überlegung von folgenden Faktoren bestimmt:

- Aufgaben zur Entfaltung elementarer Bewegungsbedürfnisse, besonders das Verbessern der motorischen Fähigkeiten im physischen und psychischen Bereich durch Anregung zu besonders bewegungsintensiven Handlungen.
- Entwicklung und Schulung von sozialen Verhaltensweisen.
- Steigerung der individuellen Leistungsbereitschaft durch persönlichkeitsstabilisierende Erfolgserlebnisse.

Sportliches Handeln vereint die fünf klassischen Lernzielebenen, wie sie in Abb. 1 dargestellt sind:

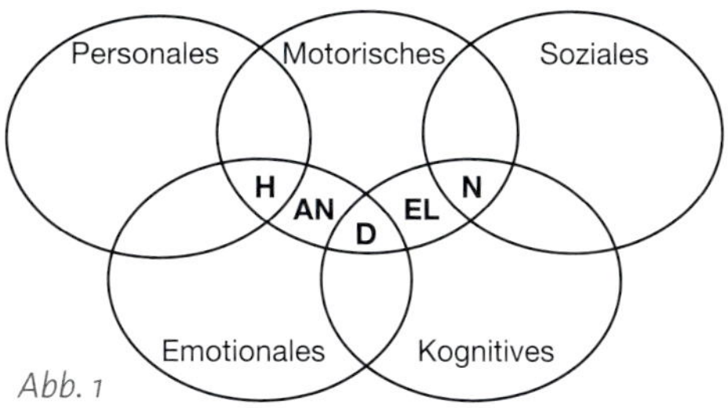

Abb. 1

Die Schwerpunkte sportlichen Handelns liegen

physiologisch:

- in der Kräftigung der
  - Bauchmuskulatur
  - Rückenmuskulatur
  - Fußmuskulatur
  - Beinmuskulatur
  - Arm- und Schultermuskulatur
- in der Verbesserung der
  - Schnelligkeit und Ausdauer
  - Mobilisation

motorisch:

- in der Schulung der
  - Gewandtheit
  - Geschicklichkeit
  - Beweglichkeit

sensomotorisch:
- in der Förderung der
  - Wahrnehmung
  - Koordination

sozial:
- in der Heranführung
  - von Partneraufgaben zu Spielformen in der Gruppe als Möglichkeiten zu Interaktion und Kommunikation

Schlüsselqualifikationen im Sportunterricht

Mit den Schlüsselqualifikationen wollen wir grundlegende Einsichten und Einstellungen sowie Fähigkeiten und Fertigkeiten im Sport vermitteln.

Der Sport beinhaltet die Summe aller Intentionen, die zur individuellen sportlichen Leistungsfähigkeit führen, das Selbstwertgefühl stabilisieren bzw. steigern, soziale Erfahrungen vermitteln, sowie zur lebenslangen sportlichen Betätigung motivieren.

Schlüsselqualifikation

Selbstkompetenz
- Persönlichkeitsbildung
- Selbstwertgefühl steigern = psychisch emotionale Stabilität durch sportliches Handeln erlangen
- Kreativität
- Sicherheitsbewusstsein
- Angst frei zu äußern und zu bewältigen
- Fähigkeit zur Entwicklung von Anstrengungsbereitschaft
- Verantwortung zu übernehmen

Sozialkompetenz
- Bereitschaft zu kooperativem, sozialem und integrativem Verhalten
- Beherrschen von Konfliktsituationen
- Fairness (Erfahrung in Sieg und Niederlage gewinnen)
- Toleranz

Affektiver Bereich
- Reizsituation schaffen, auf die Kinder mit Freude reagieren
- spontanes Erproben und Experimentieren ermöglichen freie Handlungsfelder
- Emotionale Komponente (Bewältigung von Misserfolgserlebnissen)

Psychomotor. Bereich
- altersentsprechende Methodik
- Erwerb von motorischen Grundeigenschaften (Geschicklichkeit, Koordination, Beweglichkeit, Gewandtheit, Wahrnehmung)
- Verbessern der physischen Grundeigenschaften (Kraft, Schnelligkeit, Ausdauer)

Kognitiver Bereich
- intellektuelle Fähigkeiten berücksichtigen
- Denkfähigkeit
  - Wahrnehmen
  - Verstehen
  - Entscheiden
- Fähigkeit zur Analyse und Synthese von Bewegungssituationen
- Transfer

Leistung
- altersgemäße Belastungsreize setzen
  - Koordination
  - Beweglichkeit
  - Wahrnehmung
  - Kraft
  - Ausdauer
  - Schnelligkeit
- individuelle, persönliche Leistungssteigerung vermittelt Selbstvertrauen
- körperlich schwächeren Erfolgserlebnisse vermitteln
- gemeinsames Bewegen ermöglicht kooperatives Verhalten
- Leistungen anderer anerkennen

Freizeit
- Freizeit neu gestalten
- Einsichten und soziale Verhaltensweisen vermitteln
- New Games auf die eigene Person transformieren
- Sporttreiben auch nach der Schulzeit
- Erwerb von Lifetimesportarten

Gesundheit
- Grundlegende Erkenntnisse und Einsichten gewinnen
- Bewegung / Organschulung
- Dehnen / Stretchen
- Ernährung
- Hygiene / Schlaf
- rücksichtsvolles Verhalten gegenüber Natur und Umwelt

1.2 Motorisches Erscheinungsbild des Kindes im Vor- und Grundschulalter

Im Sportunterricht ist die Verbesserung psychomotorischer Eigenschaften und der Erwerb sportmotorischer Fähig- und Fertigkeiten von den Voraussetzungen abhängig, die der Lernende mitbringt. Dabei wird der körperliche Entwicklungsstand durch anlagebedingte Reifeprozesse und verschiedene Arten von Konditionierungen durch Elternhaus, Medien, Umwelt sowie im sozialen Kontext geprägt. Jean Ayres bezeichnet das Zusammenwirken der Sinne auch als „Sensorische Integration". Durch die Sensorische Integration (SI) erreichen wir, dass alle Abschnitte des Zentralnervensystems aufeinander abgestimmt werden und vereint alle sinnlichen Eindrücke zu einer umfassenden Hirnfunktion vereinen. SI-Störungen sind Verarbeitungsstörungen im Nervensystem als Folge einer ungenügenden taktilen und vestibularen sensorischen Integration bei der Körperwahrnehmung. Diese Störungen können wir in der Praxis mit einer psychomotorischen Kompetenzerweitung neutralisieren.
Die Missachtung der Anfangsbedingungen führt zu Unter- oder Überforderung und zu einer negativen Beeinflussung aller Aktivitäten des Kindes und birgt außerdem Unfallgefahren.
Beim Vor- und Grundschulkind lassen sich Merkmale der motorischen Entwicklung feststellen, die für die Unterrichtsgestaltung in Kindergarten und Grundschule von großer Bedeutung sind.

Vorschulalter (4. bis 7. Lebensjahr)

Einfache Alltagsbewegungen festigen sich und vielseitige Bewegungsformen werden erlernt. Die reifungsbedingte Bewegungsentwicklung kommt zum Abschluss.
Die Alltagsmotorik, die der Bewältigung der allgemeinen Umwelt dient, muss in den ersten Lebensjahren besonders vielschichtig ausgebildet werden. Da das Kind alle Bewegungen durch Aufnahme von Reizen aus seiner Umgebung umzusetzen versucht, müssen vor allem Übungsanregungen im Wahrnehmungsbereich und im emotional-sozialen Bereich angewendet werden. Ein gewisses Regelverständnis kann vorausgesetzt werden.
Bewegungskombinationen, die aus Gehen und Laufen bestehen, werden mit Werfen, Fangen, Klettern und Balancieren verbunden.
Der kindliche Stützapparat ist noch nicht voll entwickelt, körperliche Voraussetzungen für ein Krafttraining fehlen noch!
Kurze Stützbelastungen z.B. an den Bänken und Übungsformen mit dem eigenen Körper wie Ziehen vorwärts und rückwärts,Hängen und Klettern an den Tauen sowie vielfältige Bewegungsaufgaben im Hindernisgarten begünstigen das Stärken vieler Muskelgruppen. Vorschulkinder können im Rahmen der allgemeinen aeroben Ausdauerleistungsfähigkeit intervallartige Belastungen (kurzfristige Einzelleistungen) tolerieren. Kleine Bewegungsspiele als entsprechende Trainingsmittel sollten abwechslungsreich eingesetzt werden.

Frühes Schulkindalter (7. bis 10. Lebensjahr)

Die Kinder verfügen über ein sehr lebendiges Bewegungsverhalten und über eine Zunahme motorischer Lernfähigkeit. Das Bedürfnis des Kindes zu ständiger Bewegung bedeutet, dass jede Wahrnehmung aus der Umgebung zu einer Bewegungsreaktion herausfordert. Unter dem Aspekt der Motivation nehmen somit Kleingeräte und Materialien unterschiedlicher Art einen besonderen Stellenwert ein.
Die Bewegung des Schulanfängers ist durch eine Vielzahl von Mitbewegungen gekennzeichnet. Die gezielte Koordinationsfähigkeit von Armen und Beinen gelingt noch nicht. Vom 8. bis 10. Lebensjahr („Geschicklichkeitsalter") können fein abgestimmte Bewegungen durchgeführt werden. Eine gezielte Anpassung an Geräte ist möglich. Besonders entwicklungsfähig sind Aufgaben zur Reaktions-, Gleichgewichts-, Geschicklichkeits- und Anpassungsfähigkeit.
Die Reizstärke der Ausdauerbelastung mit gleichmäßiger Laufgeschwindigkeit gehört in

den aeroben Bereich, da Kinder schwerer eine Säuerung des Blutes (Sauerstoffbildung mit Laktatbildung) ertragen können. Beim Einsatz von Spiel- und Übungsformen aus dem Bereich des Dauerleistungstrainings muss eine Anpassung an das individuelle Leistungsvermögen gewährleistet sein. Zur Verbesserung der allgemeinen aeroben dynamischen Ausdauer sollte z. B. bei Transportstaffelspielen, Gewandtheitsläufen etc. eine Dauer von mindestens acht Minuten gewährleistet sein.
Die körperlichen Voraussetzungen des passiven Bewegungsapparates (vorwiegend der Wirbelsäule) für ein statisches Krafttraining sind noch nicht in ausreichendem Maße vorhanden. Statische Übungen wie langes Halten, Hänge oder Stände sind in ausgeprägter Form für die Kinder dieser Altersstufe nicht geeignet. Im Hindernisturnen der Grundschule werden sie deshalb nur flüchtig ausgeführt.

1.3 Methodische Überlegungen

Lehrweise

Die induktive Lehrweise, die vor allem im Bereich der Grundschule angewendet wird, ist darauf ausgerichtet, dem Kind ein möglichst großes Maß der Entfaltung seiner Bewegungsphantasie zu gewähren.
Der Lehrer muss Möglichkeiten anbieten, bei denen die Kinder vielseitige Bewegungserfahrungen sammeln können. Die Schüler sollen die Lösung der gestellten Bewegungsfragen selbst finden und entdecken. Dabei geben wir dem Kind viel Raum und Zeit zum Finden von Lösungen, zum Handeln mit Partner und Gruppe.
Die Funktion des Lehrers beschränkt sich methodisch auf das oft frühzeitige Aufgeben der Kinder bei schwierigen Übungen und versucht diese Schwäche durch motivationsstabilisierende Anregungen mittels interessanter Bewegungsaufgaben zu relativieren. Die Forderungen „Wer kann ..." bezieht sich auf die Lösung von freien Bewegungsaufgaben, die auch den koordinationsschwachen Kindern vielseitige Anwendungsmöglichkeiten der motorischen Grundeigenschaften offen lassen.

Gebundene Bewegungsaufgaben („Versucht, vorwärts mit geschlossenen Augen auf der Schwebebank zu balancieren!") konkretisieren durch Einengung der Aufgabenstellung den motorischen Lernprozess und motivieren das Leistungsstreben der Kinder.
Von der Ansprache des Lehrers soll eine Motivation des bei den Schülern vorhandenen Lerneifers ausgehen. Positive Verstärkung, Lob und Anerkennung auch kleinerer Lernerfolge fördert das Selbstvertrauen der Kinder. Bei Fehlleistungen oder mangelhafter Ausführung werden Hinweise zu ihrer Verbesserung gegeben. („Wenn du beim Balancieren die Arme seitlich hältst, fällst du nicht so schnell herunter!")
Bei der Vermittlung der notwendigen Bewegungsvorstellung sollte kein motorisch schwaches Kind als Vorbild herangezogen werden.
Die Bewegungssicherung durch den Lehrer, aber auch durch Schüler, beeinflusst durch Abbau von Unsicherheit den Lernvorgang positiv. Das soziale Lernziel der Verantwortungsübernahme kann durch gegenseitige Hilfestellung verwirklicht werden.

Aufgaben

Die Übungsaufgaben sind dem Entwicklungsstand der Adressatengruppe anzupassen.
Bei der Wahl der Aufgaben ist nach dem Grundsatz vom Leichten zum Schweren zu verfahren. Dabei ist es wichtig, dass die erzielten Fortschritte durch eine langsame Abstufung der Schwierigkeiten sichtbar gemacht werden. Die Aufgaben müssen so gewählt werden, dass das Leistungsvermögen des einzelnen Schülers berücksichtigt wird und damit eine individuelle Differenzierung möglich ist.
Mit der intensiven Ausnutzung einzelner Stundenteile, in denen wir möglichst viele Kinder gleichzeitig beschäftigen, motivieren

wir die Teilnehmer zusätzlich zum aktiven Handeln und Mitmachen.
Von einem Kind kann nur dann eine interessierte Zuwendung erreicht werden, wenn die dargestellte Bewegungsaufgabe der altersgemäßen Lernreife entspricht. Erfolgserlebnisse stärken das Selbstvertrauen und sind beim Kind der Motor des Interesses. Eine Intensivierung erfolgt durch Aufgabenveränderung bzw. -erweiterung, wenn das einzelne Kind die Anforderungen der Aufgabenstellungen erfüllt und sich bei wiederholtem Üben Langeweile einstellt. Diesen Zeitpunkt muss der Lehrer erkennen und die gleiche Aufgabe mit Zusatzgeräten motivationsreicher gestalten, sei es z.B. vom einfachen Balancieren zum Balancieren mit Luftballontransport auf der Hand oder mit einem Bohnensäckchen auf dem Kopf überzugehen.
Zusätzliche Aufgaben, wie akustische Wahrnehmungen durch Rhythmusvorgaben, verlangen ein größeres Maß an Konzentration.

1.4 Planung und Aufbau einer Unterrichtsstunde

Besonders im Elementar- und Primarbereich brauchen unsere Kinder in ihrer Bewegungsentwicklung ein hohes, differenziertes Bewegungsangebot. Da Konzentrationsfähigkeit und Impulsivität in diesem Alter sehr unbeständig sind, muss eine Sportstunde vielfältig und in lebendigem Wechsel durchgeführt werden.
Im Vorschulbereich verliert fast jede Bewegungsaufgabe nach kurzer Zeit ihren Reiz. Schon durch sinnvolle Wechsel von Aufgabenstellung und Material- und Geräteangeboten kann die Aufmerksamkeit immer wieder neu geweckt werden.
Dabei gilt das didaktisch-methodische Prinzip „Wer kann ...!“ und das deutliche Ansagen von kindgemäßen Bewegungsaufgaben. Die Jüngsten können sich optisch an Älteren orientieren und somit gestellte Aufgaben optimal lösen. Unter Berücksichtigung der drei Planungsebenen orientiert sich die Gestaltung einer Übungseinheit nach didaktischen Grundsätzen wie:

- auf den „Ist-Zustand“ der Kinder eingehen
- Optimale Bewegungszeit,
- Körperlicher, psychosozialer Entwicklungsstand,
- Dosierung der physischen und psychischen Belastung und Beanspruchung,
- Aktionsschwerpunkt,
- Zielstrebigkeit und
- Situationsgemäßheit.

Organisation einer Unterrichtseinheit

Sachgerechte Organisationsformen innerhalb einer Übungsstunde sind oft ein Schlüssel einer hohen Übungsintensität.
Zum Beginn der Stunde werden die Kinder kurz zusammengeführt. Danach wird dem Bewegungsdrang der Teilnehmer Rechnung getragen. Der neue Raum bzw. die Geräte werden in sehr freier Form, natürlich unter Berücksichtigung aller Sicherheitsmaßnahmen, erprobt und erobert. Anschaulich räumliche Gerätehilfen und Markierungen (z.B. Hallenlinien, Springtaue, Stäbe, Keulen, Hütchen, Reifen, Matten, Bänke etc.) sind dabei nützliche Hilfsmittel. Doch können auch akustische Anreize wie Klatschen, Pfeifen oder Trommeln auf dem Tamburin dem Ordnungssinn dienen. Mit farbigen Bällen, Parteibändern etc. lassen sich schnell Gruppen einteilen. Als gebundene Ordnungsform lernen die Kinder Reihen, Kreise, Gassen, Linien und Riegenaufstellung kennen.
In der Erwärmungsphase wird der Körper durch Laufen, Hüpfen, Springen und Drehen einzeln oder paarweise physiologisch und psychologisch auf den Unterricht eingestimmt. Dabei ist die Be- und Entlastung mit abgestimmten haltungs- und körperbildenden Aufgaben und dem steten Wechsel von Laufen, Sitzen, Hocken, Zehengang und Hockstellung, „großen“ und „kleinen“ Menschen, Schneidersitz mit Lockern, Dehnen und Kräftigen der Muskulatur im gesamten Hallenraum wichtig. Im Hauptteil sind die motorischen und konditionellen Grundlagen zu schaffen. Der zur Erarbeitung des Lernziels gewählte Übungsschwerpunkt

wird in Ordnungsformen **(vgl. Abb. 2)**, bei denen alle gleichzeitig üben und wiederholen können, lebendig angeboten. Alle Formen lassen sich durch Instrumente rhythmisieren bzw. sprachlich, leiser oder lauter, schneller oder langsamer, begleiten. Beim Lösen der Bewegungsaufgaben ist ein steter Wechsel von kräftigenden Übungen mit Dehnungsübungen sowie statischen und dynamischen Übungen zu wahren. Einseitige Belastungen der Kinder sollte der Lehrer vermeiden. Auf eine angemessene Erholungspause nach Phasen physischer Anspannung muss geachtet werden. Zum Stundenschluss sollte die in der Hauptphase aufgebaute psychische Anspannung abklingen, indem die Kinder kleine Tanz- und Bewegungsspiele ausführen.

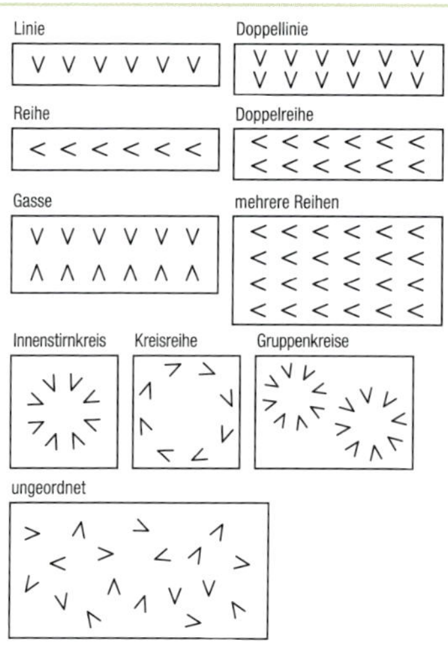

Abb. 2

1.5 Hinweise zur Unfallverhütung, Aufsichtspflicht und zu Sicherheitsmaßnahmen

Unfälle im Sportunterricht vermeiden wir durch eine klare organisatorische und methodische Konzeption. Bei allen motorischen Anforderungen ist der aktuelle Leistungsstand besonders zu berücksichtigen. Um Unfallgefahren so gering wie möglich zu halten, sind folgende Punkte zu beachten:

- Regelmäßige, fachmännische Kontrolle und Überprüfung der Geräte und Übungsstätten.
- Beschädigte Geräte sofort kennzeichnen und aus dem allgemeinen Übungsbetrieb entfernen. Leitung der Einrichtung sofort benachrichtigen.
- Sicherer Aufbau und richtiger Transport der Geräte zur Übungsstätte.
- Beseitigung potentieller Gefahrenquellen (auch Handgeräte), bevor die Kinder die Halle betreten.
- Zweckmäßige Sportkleidung und Sportschuhe mit rutschfester Sohle ist bei Lehrern und Kindern im Unterricht erforderlich. Es dürfen keine Uhren, Ringe, Ketten oder Sicherheitsnadeln an Kleidungsstücken getragen werden.
- Vereinbarung eines Sammelpunktes (Linie, Bank), an dem sich alle Kinder mit der Lehrerin oder dem Lehrer beim Betreten der Übungsstätte treffen.
- Ständige Bereitstellung eines vollständigen „Erste-Hilfe-Kastens“.

2 Praxis

Die folgenden Ideen sollen Möglichkeiten sportlicher Betätigungen aufzeigen, die dazu beitragen können, motorische Defizite durch eine optimale pädagogische Arbeit auszugleichen. Dem Lehrenden soll ein breit gefächertes Angebot von Bewegungsmöglichkeiten zur Verfügung gestellt werden. Dabei wird auf die optimale Realisierung sporttechnischer Bewegungen zunächst verzichtet.

Im Freizeitbereich und in der Sportpraxis beobachten wir oft,dass Kinder vielfältige Defizite im Wahrnehmungsbereich besitzen.Aus der Psychomotorik leiten wir im sportlichen Handeln ab, dass bei bewussten Körperbewegungen auch sensorische Informationen vermittelt werden.Durch Einsetzen verschiedener Kleingeräte und Alltagsmaterialien erlangen wir eine gewisse Aufmerksamkeit,um durch spielerische Aktionen verschiedene Wahrnehmungskanäle zu aktivieren.

Die Auflistung folgender Übungsformen mit Materialien und Kleingeräten stellen ein Spektrum von möglichen Lernangeboten dar, die besonders im Vorschulbereich zur Erweiterung von Verhaltens- und Handlungsweisen dienen bzw. im Sportförderunterricht als Einbindung in das pädagogische Gesamtkonzept der Grundschule erfolgen können. Die Unterrichtsbeispiele lassen sich in der Turnhalle, auf dem Rasen, im Bewegungsraum der Vorschuleinrichtungen oder auf dem Schulhof durchführen. Alle Spielformen lassen sich an vielen Stellen weiterentwickeln und für andere Altersgruppen entsprechend abändern.

Spiel- und Übungsformen unter einfachen Verhältnissen mit alternativen Materialien

Erzieher, Sozialpädagogen, Lehrkräfte im Grundschulbereich sowie Übungsleiter müssen den Sportunterricht häufig unter einfachen Voraussetzungen, also ohne die Geräte moderner Sporthallen anbieten und durchführen. Doch auch mit Alltagsmaterialien lassen sich viele Bewegungsthemen zur Entwicklung der wichtigsten motorischen Fähigkeiten finden. Das Übungsgeräteangebot als Entwicklungsreiz bestimmt die Qualität der kindlichen Sinnes- und Bewegungserfahrung.

Mit alternativen Mitteln können Kinder kreatives Handeln entwickeln, indem sie ihre eigenen Ideen selbständig ausprobieren. Weiterhin werden neue Motivationsangebote zum Freizeitsport geschaffen. Methodisch-didaktisch ist es wichtig, dass der Lehrende dem Kind immer neue bedürfnisorientierte Bewegungsimpulse anbieten kann. Einfache Geräte in Handhabung und Anschaffung (z. B. Luftballons) ermöglichen dabei ein vielfältiges, dem Alter entsprechendes Experimentieren.

Luftballon

Material: Jedes Kind erhält einen farbigen Luftballon.

Bewegungsaufgaben mit dem Luftballon regen Kinder zu vielfältigen Bewegungen an, erleichtern die Bewegungskoordination, fördern die Gewandtheit und Geschicklichkeit und tragen zur Verfeinerung der Bewegungsqualität sowie des Bewegungsausdrucks bei. Die Flugbahn ist gegenüber Gymnastikbällen sehr langsam, so dass jedes Kind seine Bewegung anpassen kann. Durch die leicht zu verfolgenden Bewegungen ist der Luftballon außerdem für geistig und körperlich Behinderte sowie für den Sportförderunterricht gut einsetzbar.

Zum Einstieg: Lied II: Ich habe einen Luftballon, Luftballon, Luftballon ... :II

Kinder laufen oder hüpfen durch die Halle und winken mit dem Luftballon
II: wir **rollen** mit dem Luftballon, Luftballon, Luftballon ... :II
II: Wir **schlagen** den Luftballon, Luftballon, Luftballon ... :II
II: Wir **tippen** mit dem Luftballon, Luftballon, Luftballon ... :II
II: Wir **werfen** mit dem Luftballon, Luftballon, Luftballon ... :II etc.

Weitere Bewegungsideen mit dem Luftballon

- Die gesamte Gruppe steht eng zusammen in einem Kreis (Mittelkreis). Jeder beginnt mit einem Ballon:
- Die gesamte Gruppe versucht, gemeinsam möglichst lange viele Ballons in die Höhe zu stoßen oder zu pritschen **(Abb. 4)**.
- Dasselbe, aber auf Zuruf auch im Sitzen, Knien und Liegen.
- 2 Mannschaften stehen sich gegenüber. Auf Zuruf werfen oder tupfen die Kinder so viele LB wie möglich ins gegnerische Feld! Die-Mannschaft mit den wenigsten LB im eigenen Feld hat gewonnen. Die Spielzeit wird vom Leiter vorgegeben.
- Alle Kinder bewegen sich frei in der Halle und berühren mit der Hand den LB.
- Wir werfen den LB hoch und fangen ihn.
- Die Teilnehmer laufen mit ihrem LB, legen ihn auf Zuruf ab und laufen um die ausgelegten Luftballons, dann aufheben.
- Die Kinder laufen im Slalom herum bzw. überspringen die Ballons.
- Wir berühren den LB mit 10 Fingern nacheinander und stupsen ihn in die Höhe.

Abb. 4

- Dieselbe Übung; treffen sich 2 Teilnehmer mit einem gleichfarbigen Ballon (Eissorte), so tauschen sie den Ballon im Vorbeigehen.
- Dasselbe, aber mit dem Handrücken und mit der flachen Hand aufnehmen und jonglieren.
- Vorwärts gehen, LB vorsichtig auf dem Handrücken bzw. den Handflächen tragen, ohne dass er zu Boden fällt.
- Wir schlagen den LB in die Höhe und fangen ihn.
- In der Seitgrätschstellung den LB durch die Beine werfen und fangen.
- Wir balancieren den LB auf der Stirn.
- Wir spielen „Kopfball".
- Wir spielen wie die Fußballer den LB mit dem Fuß, Knie oder Kopf in die Höhe.
- Wir stehen in der Seitgrätschstellung und lassen den LB in Achterform um die Beine kreisen.
- Wir sitzen und balancieren den LB auf den ausgestreckten Beinen.
- Wir sitzen und halten den LB mit angewinkelten Beinen auf den Füßen in die Höhe.
- Danach werfen wir mit Schwung den LB in die Höhe und fangen ihn mit den Händen.
- Wer schafft die Übung mit den Füßen?
- Wir halten den LB auf dem Kopf, legen uns hin und richten uns wieder auf, ohne den Ballon loszulassen.
- Wir sitzen im Schneidersitz und halten den LB mit den Fingern auf dem Kopf.
- Dasselbe, aber wir beugen uns mit dem LB weit vor.
- Wir liegen auf dem Bauch und halten den LB mit gestreckten Armen vor dem Kopf in Verlängerung der Wirbelsäule mit Blickkontakt auf dem Boden **(Abb. 5)**.
- Dasselbe, aber den Luftballon kurz hochwerfen und wieder fangen.
- Bäuchlings schwingen wir den LB weit nach links und rechts.
- Wir stützen uns in der Bauchlage mit einem gestreckten Arm ab, halten mit der anderen Hand den LB; dann gegengleich.
- Wir liegen auf dem Rücken, winkeln die Beine an, halten einen LB und schieben dabei die Hände weit nach vorne bzw. richten sich kurz auf und schieben die Hände zu den Knien. **(Abb. 6)**
- Wir treiben den LB mit der flachen Hand kopfhoch vorwärts, dabei darf der LB den Boden nicht berühren.
- Dasselbe, nur überqueren wir dabei seitstehende Bänke.
- Wir klemmen den LB zwischen die Ober-

Abb. 5

schenkel und hüpfen dabei quer durch die Halle.

- Wir nehmen den LB in den nacken und gehen dreimal tief in die Hocke; dabei achten wir darauf, dass wir mit den Beinen den 90° Winkel nicht überschreiten.
- Dasselbe, aber wir beugen uns mit gestreckten Beinen vor.
- Wir drücken den LB mit allen Fingerkuppen beider Hände (pritschen) in die Luft.
- Wir schlagen den LB mit der flachen Hand in die Luft, klatschen in die Hände und fangen den Luftballon.
- Dasselbe, aber mit einer halben Drehung.
- Dasselbe, aber kurz hinsetzen, aufstehen und fangen.
- Den LB auf allen vieren vor sich her blasen.
- Ein Partner hält kopfhoch einen Reifen, die Kinder versuchen, ihre Luftballons durch den Reifen zu werfen und auf der anderen Seite wieder zu fangen.
- Wir sitzen im Kreis und spielen uns die Luftballons zu.
- „Luftballonwiege“: Wir klemmen einen kleinen Luftballon zwischen Bauch und Beine und schaukeln dabei auf dem Rücken hin und her.
- Paarweise transportieren wir den LB (mit Bauch, Kopf, Schulter etc.)
- Zwei Partner stehen sich gegenüber und halten mit dem Bauch den LB: Wie weit könnt ihr gehen, ohne dass der LB hinunterfällt? Wir gehen gemeinsam über Hindernisse. Wir drehen uns gegengleich, ohne dass wir den Ballon verlieren.
- Paarweise den LB zuspielen (werfen, pritschen)
- Kinder stehen nebeneinander, umarmen sich an den Schultern, gehen vorwärts und versuchen, mit der freien Hand den eigenen LB spielerisch hochzuhalten.

Abb. 6

Zeitung

Material: Jedes Kind erhält ein doppelseitiges Zeitungsblatt

Erwärmung und Auflockerung der Muskulatur

- Alle Kinder fassen die Zeitung an der schmalen Seite beidhändig an, laufen durch die Halle und halten die Zeitung als flatternde Fahne über den Kopf.
- Wir laufen in Achterkreisen.
- Wir gehen rückwärts und schwingen die Zeitung als Fahne auf- und abwärts.
- Wir laufen vorwärts und halten die Fahne seitwärts.
- Wir schwingen die Zeitung vor dem Körper hin und her.
- Wir legen die Zeitung auf den Kopf und gehen aufrecht durch die Halle.
- Wir legen die Zeitung auf den Kopf und setzen uns vorsichtig aufrecht in den Schneidersitz.
- Alle Kinder legen ihre Zeitung auf den Boden und umlaufen die Zeitungen **(Abb. 7)**.
- Wir überspringen alle Zeitungen.
- Wir überspringen die Zeitungen, in verschiedenen Formen beidbeinig, einbeinig, vor- und rückwärts.
- Wir bewegen uns um unsere eigene Zeitung wie ein Hase, Elefant, Krebs und Storch.
- Wir hüpfen wie ein Frosch oder Känguru.
- Zwei Partner fassen sich an und versuchen, sich gegenseitig auf die ausgelegte Zeitung zu ziehen.
- Mit der Zeitung Geräusche machen wie knistern, rascheln, reißen o.a.
- Partner mit der Zeitung zudecken
- Wir werfen ein Zeitungsblatt DIN A3 (Doppelblatt) mit Schwung in die Höhe, lassen das Blatt schweben und fangen das Blatt mit den Händen oder Unterarmen auf.

Haltungs- und Bewegungsschulung

- Alle Kinder rollen die Zeitung auf und gehen aufrecht, die Zeitung in Hochhalte, durch die Halle.
- Die gleiche Übung in der tiefen Hocke.

Abb. 7

- Die Arme werden aus der Hochhalte dehnend nach hinten bewegt.
- Wir spielen mit gestreckten Armen den Gewichtheber (Beine leicht gegrätscht), gehen in die Hocke und stemmen das „Gewicht“ langsam hoch.
- Die Kinder schwingen die gerollte Zeitung aus der Hochhalte seitwärts nach links und rechts (Rumpfbeugen seitwärts).
- Wir legen die gerollte Zeitung auf den Fußboden und führen „Wedelhüpfer“ aus.
- Wir setzen uns und halten die gerollte Zeitung als „Fernrohr“ in die Höhe.
- Dieselbe Übung in der Bauchlage. Dabei achten wir darauf, dass die Arme in Verlängerung der Wirbelsäule gehalten werden.
- Wir legen uns auf den Boden und die Zeitungsrolle wird mit gestreckten Armen aus der Bauchlage über die Rückenlage wieder in die Bauchlage gerollt.
- Die Teilnehmer liegen mit dem Rücken auf der Zeitung und pressen die Mitte des Rückens (Lordosenbereich) bei starker Ausatmung fest auf den Boden.
- Die gleiche Übung; beim Einatmen heben wir den Rumpf leicht in die kleine Nackenbrücke.
- Alle Kinder halten ihre Beine in die Vorhalte, legen ihre Zeitung auf die Füße und balancieren sie auf und ab.
- Wir halten die gerollte Zeitung in die Höhe, legen uns auf den Rücken, richten uns wieder auf und legen die Zeitung auf die angewinkelten Füße. Wiederholungen.
- Im Sitz halten wir die Zeitung etwa schulterbreit vor uns auf und steigen abwechselnd mit einem Bein und danach mit beiden Beinen vor- und rückwärts über die waagrechte Zeitung.
- Wir reißen ein großes Loch in die doppelseitige Ztg. Ein Partner aus der Zweiergruppe hält die Zeitung und die anderen Kinder versuchen abwechselnd den Papierball durch das Loch zu werfen.
- Die Zeitung zum Papierball formen (kräftig knüllen) und ihn schnell um Bauch und Beine kreisen lassen.
- Wir grätschen die Beine und umkreisen sie mit dem Papierball in Achterform.
- Zwei Partner werfen sich den Ball zu und fangen ihn **(Abb. 8)**.

Abb. 8

- Wir balancieren den Papierball auf dem Kopf.
- Wir werfen den Ball hoch und fangen ihn.
- Wer kann ihn zur Decke werfen?
- Zielwerfen. Aus 2 bis 3 m durch einen Reifen oder einen vom Partner mit den Armen gebildeten Kreis werfen.
- Wir formen aus der Zeitung eine Tüte und der Partner versucht, seinen Papierball hineinzuwerfen.
- Wir bringen den Ball im Schneidersitz in die Hochhalte bringen.
- Im Kniestand liegt der Ball seitlich auf Fußhöhe. Die Kinder nehmen ihn auf und führen ihn über die Hochhalte zur anderen Seite, legen den Ball ab und wiederholen den Vorgang.
- Ein Partner stützt sich auf Händen und Füßen ab, der zweite rollt oder wirft den Ball unter der Brücke durch.
- Dieselbe Übung; nach dem Durchwerfen legt sich Partner A wieder in die Bauchlage. Partner B springt hinüber und holt den Ball, Wiederholung.
- Aus der leichten Hockstellung schleudern wir den Ball rückwärts weit nach hinten.
- Wir stellen Keulen in kleinen Abständen in einer Reihe auf und rollen die Papierbälle mit einer Hand im Slalom herum.
- Wir spielen mit dem Papierball Fußball und berühren ihn abwechselnd mit dem linken und rechten Fuß **(Abb. 9)**.
- Wir klemmen den Ball zwischen die Knie und hüpfen mit geschlossenen Beinen vorwärts.
- Wir rollen den Ball mit der Hand.
- Wir laufen auf allen vieren und pusten den Ball über den Hallenboden.
- Wir übergeben in Bauchlage den Ball vor dem Kopf von der linken und rechten Hand.
- Wir legen die Zeitung ausgebreitet vor uns hin, legen uns davor und pusten leicht gegen die Zeitung (die Kinder beobachten eine Wellenbewegung).
- Wir sitzen mit angewinkelten Beinen und halten ein ausgebreitetes Zeitungsblatt in den Händen. Wer kann in dieser Position 10 Wörter vorlesen?
- Wir sitzen vor der ausgebreiteten Zeitung und bewegen die angehockten Beine wie ein Staubsauger über die Zeitung.
- Wir tippen mit den Füßen wechselseitig

Abb. 9

links und rechts neben der Zeitung auf den Fußboden.

- Wir springen aus dem Hockstand über die Zeitung.
- Wir greifen mit den Zehen die Zeitung und hüpfen auf einem Bein durch die Halle .
- Die gleiche Übung mit dem anderen Fuß.
- Wir zerreißen die Zeitung mit den Zehen.
- Wer macht große und kleine Schnipsel?
- In der Mitte der Halle befindet sich ein umgedrehter Sprungkasten. Alle Teilnehmer bringen ihre Schnipsel auf einem Bein hüpfend zum Kasten.
- Wir hängen Zeitungsbögen an die Zauberschnur (Wäscheleine) und versuchen, sie mit kleinen Softbällen abzuwerfen.
- „EISENBAHN" mit der Zeitungsrolle: Wir suchen uns mehrere Partner, erfassen den Papierstab (Zeitungsrolle) und fahren einmal in der Halle rundherum, in Kurven, vorwärts, rückwärts, zunächst langsam, dann schneller.

Kleine Spielformen

- Fische schwimmen im Aquarium: Mit der Schere schneiden wir einen ca. 30 cm langen und ca. 11 cm breiten Fisch aus. Alle Teilnehmer legen den Papierfisch mit dem Schwanzende vor sich auf den Fußboden und versuchen, den Fisch im Liegen durch leichtes Pusten fortzubewegen. Welcher Fisch bewegt (flattert) sich beim Pusten am meisten? Wer schafft eine vorgegebene Strecke am schnellsten? **(Abb. 10)**
- Ein lustiges Staffelspiel: Wir bilden mehrere Gruppen. Mit Springseilen wird für jede Gruppe eine Gasse ausgelegt. Wir versuchen, den Papierfisch von einer Seite zur anderen zu pusten. Dabei darf der Fisch nicht in die andere Bahn gelangen.
- Papierball: 3 bis 6 Teilnehmer stehen hintereinander in der Grätschstellung: Der Papierball wird über den Kopf gereicht und der letzte Partner krabbelt mit dem Papierball zwischen den Beinen zum Vordermann und stellt sich vorn hin etc.
- Schneeballschlacht: Alle Teilnehmer werfen auf den durch die Halle laufenden Übungsleiter („Schneeballschlacht"). Jeder Teilnehmer nimmt dabei immer den eigenen Ball.

Abb. 10

- „Maskenbildner“: Mehrere Teilnehmer reißen in die Zeitung zwei Augenhöhlen, Nase und Mund heraus und verstecken sich hinter der ausgebreiteten Zeitung. Aus einiger Entfernung heraus versuchen die anderen Kinder herauszufinden, wer hinter der Maske sitzt.
- Papierschiffchen: Alle Teilnehmer falten ein Papierschiffchen (als Hut) und gehen aufrecht durch die Halle oder führen eine Hutstaffel durch.
- Ausdauerstaffel: Eine Bank steht in der Mitte der Halle, auf die alle Papierbälle gelegt werden. Zwei kleine umgedrehte Sprungkästen stehen an der Stirnseite der Halle. Wer hat die meisten Papierbälle in die Kästen transportiert?
- Wurfspiel: Je nach Teilnehmerzahl stellen wir uns in mehreren Gruppen auf und versuchen, die Papierbälle aus 2 bis 3 m Entfernung in einen umgedrehten Sprungkasten zu werfen. Welche Gruppe hat zuerst alle Bälle im Kasten?
- Fußball: Die Teilnehmer führen mit dem Spielbein den Papierball wie Fußballer durch die Halle und schießen ihn auf das Tor (auf die Seite gedrehter Kasten; **Abb. 11**).

Abb. 11

Plastikbecher und Tennisbälle

Material: Jedes Kind bekommt einen Plastikbecher (Joghurt- bzw. Buttermilchbecher 500 g) und einen ausgedienten Tennisball, Tischtennisball bzw. Schaumstoffball.

- Alle Kinder stellen die Becher mit dem Tennisball in die Halle.
- Wir umlaufen die Becher vor-, rück- und seitwärts und im Slalom.
- Wir überspringen die Becher im Laufen (Pferdchensprung).
- Wir überspringen die Becher mit beiden Beinen.
- Wir schütteln den Tennisball aus dem Becher und fangen ihn mit dem Becher wieder auf.
- Wir werfen den Tennisball hoch aus dem Becher, lassen ihn aufspringen und nehmen ihn mit dem Becher oder mit der freien Hand wieder auf.
- Wir werfen den Tennisball mit der Hand hoch und fangen ihn mit dem Becher.
- Kinder tragen den Becher ohne Tennisball aufrecht auf dem Kopf.
- Die gleiche Übung, aber wir gehen aufrecht und in der tiefen Hocke.
- Wir balancieren mit dem Becher aufrecht auf Hallenlinien vor- und rückwärts.
- Wir stellen jeweils den Becher auf die Innenseite beider Hände und gehen mit seitwärts gehaltenen Armen kreuz und quer durch die Halle.
- Wir jonglieren den Tennisball auf dem Becherboden.
- Wir balancieren mit dem Becher über eine Bank vor- und rückwärts **(Abb. 12)**.
- Wir gehen vorwärts über die Bank, in der Mitte der Bank senken wir uns in die tiefe Hocke, führen eine Drehung um 180 Grad aus und gehen rückwärts.
- Wir stellen den Becher in die Mitte der Bank und gehen auf den Fußballen über die Bank und überwinden dabei den Becher.
- Wir legen die Becher auf den Hallenboden und versuchen, den Tennisball auf kurzer und später aus größerer Entfernung in die Öffnung zu rollen.

Abb. 12

- Wir stellen den Becher ohne Tennisball mit der Öffnung auf den Boden und versuchen, den Becher wegzupusten.
- Wir legen einen Tennisball in den Becher, stellen ihn mit dem Boden auf die Handfläche, ergreifen mit den Fingern den Becherrand und werfen den Becher durch leichtes Ziehen am Boden des Bechers in die Höhe. Wir fangen den rotierenden Becher wieder auf. Wer schafft es, ohne dass der Ball den Becher verlässt?

Partnerübungen

- Ein Kind wirft dem anderen den Ball zu; der Partner versucht, den Ball mit dem Becher zu fangen.
- Dasselbe, aber der Ball darf dabei nicht den Boden berühren.
- Die Kinder werfen sich die Bälle mit der einen Hand gleichzeitig zu und nehmen dieselben mit dem Becher auf.
- Ein Partner hat zwei Becher und versucht, die ihm zugeworfenen Bälle aufzufangen.
- Die Becher werden in der Halle verteilt. Ein Schüler versucht, den Partner als „Blinden“ zwischen die Becher hindurchzuführen.
- Dasselbe, nur akustisch begleiten.
- Wir bilden einen Kreis, jedes Kind trägt links und rechts einen Becher und nimmt mit dem Nachbarn Kontakt auf, dazu Gehen im Kreis.
- Dieselbe Übung, aber mit Musik.

Spielformen

- Zwei Partner bringen abwechselnd von der einen Turnhallenseite die Becher zur anderen und bauen auf einem Sprungkasten einen hohen Turm **(Abb. 13)**. Welche Gruppe schafft den höchsten Turm?
- Die Kinder laufen auf die anderen Hallenseite: An der Wechselmarke werden die Becher über den Ball gestellt. Der Partner holt beide Materialien, legt aber den Tennisball auf den Becherboden und bringt den Ball zurück.
- Mit den Bechern wird eine Slalomreihe markiert: Die Kinder rollen den Tennisball mit der Hand im Slalom hindurch.
- Dieselbe Übung, aber wir rollen den Tennisball mit dem Fuß.
- Wir stellen mehrere Becher als Turm auf eine Bank oder einen kleinen Kasten und werfen die Becher ab.
- Wir stellen die Becher in die Mitte der Halle und kegeln aus 3 bis 5 m Entfernung mit dem Tennisball die Becher fort.

Abb. 13

Teppichfliesen

Material: Teppichfliesen 40 x 40 cm oder 50 x 50 cm mit einer rutschfesten Unterseite. Alternativ: Staubtuch, Feudel.

Teppichfliesen sind aufgrund des allgemeinen Aufforderungscharakters besonders im Elementar-und Primarbereich einzusetzen. Die gestellten Bewegungaufgaben beinhalten eine hohe Handlungskompetenz.Durch viele Positionsveränderungen mit der Teppichfliese findet ein optimaler muskulärer Belastungswechsel statt.Übungen mit der Fliese im Stehen, Liegen,Knien oder Sitzen gehen immer einher mit Ganzkörperbelastungen. Außerdem werden Kinder in Zweier- oder Dreiergruppen oft mit gruppendynamischen Verhaltensweisen konfrontiert.

Einzel- und Paarübungen

Die Teppichfliesen werden im Raum verteilt.

- Wir laufen alle um die Fliesen.
- Wir laufen im Seitgalopp, Wechselhüpfer.
- Wir laufen im Slalom.
- Wir laufen außen herum und berühren die Fliesen mit einer Hand.
- Wir überspringen die Fliesen.
- Wir überspringen sie im Pferdchensprung.
- Auf ein Zeichen (Handtrommel, Zuruf) eilen alle Teilnehmer auf eine Fliese (in ein „Haus“, eine „Garage“ etc.).
- Wir hüpfen im Schlusssprung um unsere Fliese.
- Wir hüpfen auf einem Bein, einmal links und einmal rechts.
- Wir hüpfen mit beiden Beinen über die Fliese.
- Wir führen um die Fliese den Krebsgang aus.
- Zwei Fliesen aneinander:
- Wir laufen paarweise außen herum.
- Dasselbe im Hopserlauf oder im Seitgalopp (Blick zueinander).

Teppichfliesen liegen mit der flauschigen Seite auf dem Boden:

- Liegestütz, Hände auf der Fliese und schieben.
- Wir setzen uns darauf und stoßen uns mit beiden Füßen ab („Ruderboot“), und rückwärts **(Abb. 14)**.
- Wir stellen die Füße auf die Matte und stoßen uns rücklings ab (ruckweise).
- Wir fahren Karussell, sitzend, liegend, auf dem Bauch.
- Zwei Partner sitzen sich mit gestreckten Beinen gegenüber, „Zahnraddrehen“, ein Partner links- und ein Partner rechtsherum.
- Raupen bewegen sich **(Abb. 15)**.

Beide Hände stützen sich jeweils auf einer Fliese ab. Dabei sind die Hüften gebeugt. Ab-

Abb. 14

Abb. 15

wechselnd werden die Beine zu den Händen gezogen und danach die vordere Fliese mit den Armen nach vorne geschoben.

- Liegestütz, Füße auf der Matte, wir ziehen die Fliesen mit den Füßen.
- Im Liegestütz rücklings dasselbe.
- Wir fahren Roller. Wer nimmt viel Schwung und kann lange gleiten?
- Wir haben unter jedem Fuß eine Fliese und gleiten wie beim Langlauf.
- Wir sitzen vor der Fliese und schwingen die gestreckten Beine hin und her.
- Wir sitzen im Schneidersitz und halten die Teppichrolle als „Fernrohr" in die Höhe und schauen durch die Öffnung zur Decke.

Partnerformen

- Ein Partner steht auf der Fliese, der zweite zieht an den Händen.
- Partner A kniet auf der Fliese, Partner B schiebt von hinten am Schultergürtel.
- Ein Partner schiebt den anderen.
- Partner A sitzt auf der Fliese (Hocksitz), Partner B zieht mit dem Turnstab.
- Dasselbe, aber B zieht als „Pferd" mit dem Seil.
- A liegt auf dem Rücken, dabei die Beine angewinkelt und die Arme gestreckt. Die Oberarme schließen die Ohren mit Blick zu den Knien. B zieht mit dem Turnstab **(Abb. 16)**.
- Partner gleiten im Schlittschuhschritt nebeneinander, A rechtes Bein, B linkes Bein
- Partner A hält beide gegrätschten Beine des Partners an den Oberschenkeln nahe des Beckens und schiebt den Partner B im Liegestütz vorwärts (**Abb. 17).**

Spiel- und Staffelformen

- Alle Fliesen liegen im Kreis; „Bäumchen Wechsel dich", der Wechsel geschieht jeweils auf Kommando:
  a) Der Fänger steht innerhalb des Kreises und versucht, eine freie Fliese („Haus") zu erreichen.
  b) Er versucht durch Laufen außen herum das freiwerdende Haus zu erreichen (die anderen Teilnehmer wechseln von Fliese zu Fliese).
- Fliesenstaffel:
  a) durch Schieben mit den Händen,
  b) Reihenaufstellung; vor jeder Gruppe liegt eine freie Fliese, durch Vorrücken wird immer die hintere freiwerdende Fliese vorgereicht; seit- und kopfwärts Fliesen werden im Abstand von 1 m ausgelegt: Laufstaffel, Hüpfstaffel und Nummernwettlauf.
- Fliesenumsetzstaffel: Auf Startzeichen wird

Abb. 16

Abb. 17

eine Fliese vorgelegt und betreten. Danach reicht man die Fliese über den Kopf von hinten nach vorne, die zweite Fliese wird von hinten vorgelegt usw.

- Rollerstaffel
- Schlittenstaffel: Ein Partner sitzt obenauf als „Fahrer", der zweite zieht oder schiebt mit dem Stab bzw. Seil.
- Abschlagspiel: Alle Teilnehmer knien auf der Fliese, ein Partner muss einen Mitspieler mit einer Hand berühren. Nach der Berührung setzt sich dieser Spieler auf die Fliese. Durch Abdrücken mit den Händen bewegen wir uns als „Raupe" fort. Wer einen sitzenden Partner berührt, ist frei und spielt wieder mit.
- „Viererbob": Vier Partner sitzen jeweils auf den vier Fliesen und umklammern sich, zwei Partner ziehen den „Bob" mit einem Stab oder Seil **(Abb. 18)**.
- „Wasserski": Der Skiläufer stellt sich auf 2 Teppichfliesen (Skier) und hält sich mit beiden Händen am Zugseil (Springseil) fest. Der Partner (Motorboot) zieht ihn um ein Markierungskegel (Wendemal) zur Gruppe zurück. Partnerwechsel.
- Warmskaten mit Teppichfliesen: SS stehen jeweils mit einem Bein auf der Fliese und skaten durch die Halle.
- Wer schafft in einer bestimmten Zeit möglichst viele Läufe von der Grundlinie zur anderen Hallenseite?
- Slide-Übungen: Wir stehen an der Wand (Sprossenwand o.a.) und bewegen uns beidbeinig mit einer Fliese wedelnd nach links und rechts bzw. mit 2 Fliesen als Spagatübungen.
- 3 bis 4 Seile zusammengeknotet oder das lange Tau werden an der unteren Sprosse der Gitterleiter befestigt. Ein Partner liegt auf der Fliese und zieht sich vom Seil/Tauende als Schlitten bis zur Sprossenwand
- „Mühlespiel": 9 Fliesen werden in 3 Reihen mit der rutschfesten Seite hintereinander gelegt. 2 Spielgruppen haben je 3 Teilnehmer und versuchen wie beim Mühlespiel abwechselnd eine Fliese zu besetzen, um so eine Mühle zu bilden. Es zählt die Waagerechte, Senkrechte und Diagonale. Das Umsetzen etc. erfolgt ohne Hinweise. Jeder muss selber entscheiden, ob er sich für seine Mannschaft bewegt und sich auf eine andere Fliese stellt.

Abb. 18

Tuch

Material: Staub-, Wisch-, Hals- und Handtücher in verschiedenen Größen

Ein Spielgerät, das zweckentfremdet viel Abwechslung in die elementare Körper- und Bewegungserziehung bringt, ist das Tuch. Einfache, gefahrlose Handhabung ermöglicht den vielseitigen Einsatz von Staub-, Wisch-, Hals- und Handtüchern im Unterricht. Dabei sollte auf eine strapazierfähige Qualität geachtet werden. Lauf- und Sprungübungen mit dem Tuch schaffen zusätzliche Atemreize und stärken das Herz-Kreislaufsystem. Als schwebendes Wurfobjekt eignet sich das Tuch für die Ausbildung der Handgeschicklichkeit und der Hand-Auge-Koordination besonders bei Kindern mit Konzentrationsschwächen. Zahlreiche Greif- und Spreizübungen mit Tüchern kräftigen die Zehenmuskeln in kraftvoll-schnellem Wechsel und beugen Fußschwächen vor. Schwungübungsformen mit Tuch und Ball besitzen nicht nur einen hohen Aufforderungscharakter für Kinder, sondern ermöglichen neben der Koordinationsschulung auch kreatives Gestalten mit Partnern und in Gruppen.

Fortbewegung

Einzelübungen:

- Die Tücher liegen in der Halle beliebig verteilt; wir gehen, laufen, hüpfen nach Musikbegleitung um diese herum, ohne sie zu berühren.
- Jeder Schüler erhält ein Tuch und probiert damit verschiedene Bewegungsmöglichkeiten aus. Diese werden von den anderen Kindern nachgeahmt.
- Wir knien uns auf das Tuch und versuchen, mit den Händen vor- bzw. rückwärts zu kommen (Sitzrutschen).
- Wir halten das Tuch mit einer Hand an einem Zipfel und lassen es beim Laufen flattern.
- Dasselbe, aber wir halten das Tuch dabei mit beiden Händen über den Kopf.

Abb. 19

- Wir lassen das Tuch über dem Kopf, vor oder neben dem Körper kreisen.
- Wir schwingen das Tuch tief über den Boden und versuchen, dabei über das Tuch zu springen.
- Wir legen das Tuch ausgebreitet an den Oberkörper oder an die Oberschenkel und bewegen uns so schnell, dass das Tuch am Körper „kleben" bleibt (**Abb. 19**).
- Wir fassen das Tuch an zwei Ecken in Hüft- oder in Kniehöhe und gehen so schnell rückwärts, dass das Tuch waagrecht schwebt.
- Wir klemmen das Tuch beim Laufen unter Kinn, Arme oder zwischen die Knie und versuchen, dabei auf einem Bein zu hüpfen.
- Wir legen das Tuch auf die Augen und versuchen, dabei vorsichtig vor- und rückwärts zu gehen, auf Signal bleiben wir stehen.
- Wir sitzen auf dem Tuch, ziehen die Knie an und versuchen, uns wie ein Kreisel zu drehen („Karussell").
- Dasselbe in Bauchlage.
- Wir schieben das Tuch mit den Händen vorwärts.

Partnerübungen:

- Die Partner halten ein Tuch über dem Kopf oder in Hüfthöhe, laufen durch den Raum und lassen es hinter sich her flattern.
- Die Partner nehmen je einen Zipfel des Tuches und versuchen, sich im Rückwärtsgang so zügig zu bewegen, dass das Tuch waagrecht zum Schweben gebracht wird.
- Die Partner halten zwei Tücher gekreuzt mit gestreckten Armen und drehen sich im Kreis wie eine „Mühle".
- „Kutsche": Partner A sitzt auf dem Tuch und hält sich an den Beinen, die er an den Körper herangezogen hat, fest. Er wird von Partner B an den Fußgelenken gezogen. Dabei neigt der Partner B den Oberkörper weit nach vorne und achtet beim Rückwärtsgehen auf eine gerade Wirbelsäule **(Abb. 20)**.
- Partner A befindet sich im Grätschstand und hält ein Tuch mit gestreckten Armen weit vor sich. Partner B kriecht durch die gegrätschten Beine und übersteigt das Tuch.
- Die Partner halten ein Tuch und versuchen, sich gegenseitig über die Mittellinien zu ziehen („Tauziehen").

Abb. 20

- Partner A steht auf dem Tuch und wird von Partner B an den Händen durch die Halle gezogen. Die Partner ziehen vorsichtig kleine Gegenstände, die auf dem Tuch liegen, auf gerader Strecke oder im Slalom vorwärts.
- „Zug“: Ein Kind stellt sich mit je einem Bein auf ein Tuch und hält sich mit jeder Hand an einem um seinen Rücken gelegtes Thera-Band fest. Der Vordermann (Lokführer) hat die Enden des Thera-Bandes um seine Handgelenke gewickelt und versucht den Hintermann durch kräftige Vorwärtsbewegung als Zug hinter sich her zu ziehen. Dabei darf er den Lokomotivführer durch leichtes Gleiten in gleichem Schrittrhythmus auf den Tüchern unterstützen (**Abb. 21**).

Gruppenübungen:

- Abschlagspiel: Außer den vorher bestimmten „Fängern“ besitzt jeder Schüler ein Tuch. Die Spieler, die berührt worden sind, stellen sich schnell in den Grätschstand und winken mit dem Tuch um Hilfe. Sie können befreit werden, wenn ein anderes Kind mit den Händen auf dem ausgebreiteten Tuch durch seine gegrätschten Beine rutscht und dabei nicht abgeschlagen wird.
- Dasselbe, wir rutschen im Knien auf dem Tuch durch die gegrätschten Beine.
- „Tuchjagd“: Jeder Schüler hat hinten an seiner Sportkleidung ein Tuch stecken. Drei „Jäger“, die kein Tuch besitzen, versuchen, so schnell wie möglich viele Tücher bei den anderen Kindern zu fangen. Derjenige, der kein Tuch mehr besitzt, wird auch zum „Jäger“. Wer fängt die meisten Tücher?
- „Tuch aufhängen“: Vor jeder Gruppe befindet sich ein Kasten mit Tüchern. Jeder Spieler soll nach Zurücklegen einer bestimmten Strecke ein oder mehrere Tücher an der Sprossenwand aufhängen und wieder zum Ausgangsort zurücklaufen. Die Gruppe, die zuerst einen leeren „Wäschekorb“ vorweisen kann, ist Sieger.
- „Tuch abnehmen“: Dasselbe, Rücktransport der aufgehängten „Wäsche“. Die Gruppe, die zuerst einen vollen „Wäschekorb bereitstellt, ist Sieger.
- „Staubsauger“: Jedes Gruppenmitglied versucht, so schnell wie möglich mit den Händen auf einem ausgebreiteten Tuch um ei-

Abb. 21

nen Kegel zu rutschen und zum Ausgangspunkt zurückzukehren.
- „Stierkampf": Eine bestimmte Anzahl Kinder steht in der Mitte des Raums und hält rote, grüne, blaue und gelbe Tücher in den Händen. Die übrigen Kinder sind „Stiere" und stehen in den vier Ecken der Halle. Jeder „Stier" reagiert auf das Hochhalten einer bestimmten Tuchfarbe. Auf Farbsignal wird ein bestimmtes Tuch seitlich vom Körper ausgestreckt. In diesem Moment laufen die jeweiligen „Stiere" los und versuchen, möglichst viele Tücher ihrer Farbe mit dem Kopf zu berühren.

Fußmuskulatur

Übungen im Stand – Einzelübungen:
- Im Stand ergreifen wir das Tuch mit den Zehen und winken mit dem Tuch **(Abb. 22)**.
- Wir breiten das Tuch auf dem Boden aus und probieren, welche Möglichkeiten das Tuch für Übungen mit den Füßen bietet. Die Ideen werden vorgestellt und nachgemacht.
- Wir stellen uns mit dem rechten oder linken Fuß auf das Tuch und versuchen, vorwärts zu „rollern".
- Dasselbe; „Langlauf" mit Hilfe von zwei Tüchern.
- Wir stellen den rechten oder linken Fuß auf das Tuch und versuchen, uns mit dem anderen Fuß zu drehen.
- Wir greifen das Tuch mit den Zehen des rechten bzw. linken Fußes, heben es hoch und lassen es fallen.
- Dasselbe; wir versuchen, das Tuch mit den Händen zu fangen.
- Dasselbe; wir versuchen, das Tuch mit demselben Fuß oder auf dem Fußrücken zu erhaschen.
- Wir legen das Tuch auf den Fußrücken, werfen es in die Luft und versuchen, es auf dem Fußrücken zu fangen.
- Wir heben das Tuch mit den Zehen des rechten oder linken Fußes an und winken uns damit gegenseitig zu.
- Wir legen das Tuch unter die Zehen beider Füße und versuchen, sie so kräftig zu bewegen, dass es unter die Füße gezogen wird.

Übungen im Stand – Partnerübungen:
- Die Kinder fassen das Tuch mit den Zehen des einen Fußes und hüpfen auf dem

Abb. 22

anderen Fuß zu dem Platz eines Schülers. Dort legen sie das Tuch nieder, greifen es mit den Zehen des anderen Fußes und hüpfen auf den eigenen Platz zurück **(Abb. 23)**.

- Die Kinder werfen sich ein Tuch mit den Zehen des rechten oder linken Fußes gegenseitig zu und fangen es mit dem Fuß wieder auf (Fußwechsel).
- Dasselbe mit zwei Tüchern.
- Partner A legt das Tuch auf den Fußrücken seines rechten oder linken Fußes und wirft es dem Partner zu. Dieser muss es auf die gleiche Weise fangen.
- Die Kinder greifen ein Tuch mit den Zehen des rechten oder linken Fußes und übergeben es dem Fuß des Partners (Fußwechsel).
- Die Schüler stehen sich gegenüber. Unter den Zehen beider Füße liegt ein Tuch, an dem beide kräftig ziehen.

Übungen im Stand – Gruppenübungen (Staffelspiele):

- Die jeweiligen Gruppenmitglieder krallen ein Tuch mit den Zehen des rechten oder linken Fußes, bringen es im Fersengang vom Start zu einem bestimmten Reifen, legen es dort hinein und kehren im Fersengang zum Ausgangsort zurück.
- Dasselbe; das Tuch wird mit den Zehen des rechten Fußes gegriffen und auf einem Bein hüpfend zu einem Kegel gebracht. Dort ergreifen die Zehen des linken Fußes das Tuch und es wird hinkend zum Ausgangsort zurücktransportiert.
- Dasselbe; ein Fuß wird auf das Tuch gestellt und rutschend zu einem Reifen transportiert. Dort wird es mit den Zehen hineingelegt und liegengelassen. Nachdem der Schüler zum Start zurückgelaufen ist, rennt das nächste Kind los, greift sich das Tuch und bringt es rutschend zum Ausgangsort zurück.
- Dasselbe mit zwei Tüchern („Skilanglauf“).
- Die Mitglieder einer Mannschaft sitzen in geringem Abstand voneinander mit dem Rücken zum Start. Das Tuch befindet sich vor den Füßen des letzten Kindes. Dieses greift das Tuch mit beiden Füßen, macht eine halbe Drehung zum Hintermann und legt es ihm vor die Füße. Anschließend läuft dieser nach

Abb. 23

vorne und setzt sich hinter das erste Kind etc. Das Staffelspiel ist dann beendet, wenn die ganze Mannschaft an einer vorher festgelegten Ziellinie angekommen ist.
- Vier Schüler einer Mannschaft erhalten ein Tuch und drei Korken. Auf Kommando transportiert je ein Schüler zur selben Zeit diese Dinge mit den Füßen zu einer Markierung. Dort müssen die drei Korken auf das ausgebreitete Tuch gelegt werden. Nun greifen die Kinder je einen Zipfel des Tuches mit den Zehen, heben es leicht an und versuchen, es hinkend zum Ausgangsort zurückzutransportieren.

Übungen im Sitzen – Einzelübungen:
- Wir setzen uns auf das Tuch und versuchen, uns mit den Füßen vorwärts oder rückwärts zu schieben.
- Wir fassen das Tuch mit den Zehen des rechten bzw. linken Fußes oder beider Füße und schütteln es kräftig.
- Dasselbe; das Tuch wird fallen gelassen und mit den Zehen eines bzw. beider Füße gekrallt.
- Wir heben das Tuch mit den Zehen beider Füße auf und schütteln es kräftig aus.
- Wir greifen das Tuch mit den Zehen beider Füße und machen dabei eine ganze Drehung um uns selbst.
- Wir fassen das Tuch mit den Zehen eines Fußes und übernehmen es in der Luft mit den Zehen des anderen Fußes.
- Wir versuchen, das Tuch mit den Zehen beider Füße auf dem Boden glattzustreichen.
- Wir legen das Tuch auf den Fußrücken, schleudern es hoch und versuchen, es mit dem Fußrücken zu fangen.
- Wir fassen das Tuch mit den Zehen beider Füße, heben in der Rückenlage die Beine an, lassen das Tuch fallen und fangen es mit den Händen wieder auf.
- Wir falten das Tuch mit den Füßen.

Übungen im Sitzen – Partnerübungen:
- Ein Partner greift jeweils sein Tuch mit den Zehen des rechten oder linken Fußes bzw. beider Füße und übergibt es dem anderen Kind **(Abb. 24)**.

Abb. 24

- Die Partner sitzen sich auf ihren Tüchern gegenüber und versuchen, sich die Tücher ohne Unterstützung der Hände mit den Füßen gegenseitig wegzuziehen.
- Dasselbe; ein Partner versucht, den sitzenden Schüler auf dem Tuch um sich selbst herum zu drehen.
- Dasselbe; die Schüler werfen sich ein oder zwei Tücher gegenseitig zu.
- Partner A legt sich das Tuch auf den Fußrücken und wirft es Partner B zu. Dieser versucht, es auf dem Fußrücken zu fangen.
- Dasselbe; die Partner werfen sich zwei Tücher gleichzeitig zu und versuchen, sie auf dem Fußrücken zu fangen.
- Zwei Kinder sitzen sich gegenüber und greifen mit beiden Füßen ein Tuch. Sie versuchen, sich das Tuch gegenseitig wegzuziehen.
- Ein Schüler befindet sich in Rückenlage und versucht, dem sitzenden Partner das Tuch mit den Füßen über dem Kopf zuzuwerfen (Partnerwechsel).

Handgeschick

Einzelübungen:

- Wir führen im Stand große Kreisbewegungen an der Hallenwand oder am Hallenfenster mit unseren Tüchern durch („Fensterputzer").
- Wir winken uns mit unseren Tüchern gegenseitig zu.
- Wir schütteln das Tuch abwechselnd links oder rechts kräftig aus.
- Dasselbe, mit beiden Händen.
- Wir werfen das Tuch hoch und versuchen, es wieder zu fangen.
- Dasselbe, wir klatschen vor dem Fangen einmal in die Hände.
- Wir werfen das Tuch in die Luft, lassen es bis kurz vor dem Boden hinabschweben und versuchen, es im letzten Augenblick noch zu erhaschen.
- Wir laufen mit dem über dem Kopf gehaltenen Tuch durch den Raum, lassen es los und versuchen, es gleich erneut zu fangen.
- Wir werfen das Tuch im Stand mit der einen bzw. mit beiden Händen hoch und erproben verschiedene Fangmöglichkeiten (ein- oder beidhändig, auf der Handinnenfläche oder auf dem Handrücken).
- Wir versuchen, das Tuch ständig in der Luft zu halten, indem wir es abwechselnd mit den Händen hochschlagen.
- Dasselbe; wir versuchen, dabei schnell unter dem Tuch hindurchzulaufen, um es anschließend erneut hoch zu stoßen.

Partnerübungen:

- Die Schüler stehen (Knie- bzw. Hockstand) oder sitzen sich partnerweise gegenüber und werfen sich das Tuch gegenseitig mit den Händen zu.
- Partner A befindet sich im Kniestand und hält die Hände hinter dem Rücken. Partner B stellt sich davor und wirft ihm das Tuch zu. Der kniende Schüler darf die Arme nur zum Fangen nach vorne nehmen.
- Die Schüler lassen gemeinsam ein Tuch auf- und abschweben, ohne die Hände vom Tuch zu lösen.
- Dasselbe; die Kinder lösen die Hände auf Signal. Wer fängt das Tuch erst kurz vor dem Boden?
- Ein Schüler hält das Tuch mit einer Hand oder mit beiden Händen an der Breitseite hoch über den Kopf und läuft dabei. Auf ein Zeichen lässt er das flatternde Tuch los. Der Hintermann versucht, das Tuch zu erhaschen.
- Dasselbe; zwei Kinder laufen gemeinsam mit einem Tuch über den Köpfen und lassen es auf Signal los.
- Zwei Kinder versuchen, gegenseitig angefasst, ein Tuch ständig in der Luft zu halten

Kombinierte Übungen mit Tuch und Ball (Hand- und Kopftuch)

- Die Kinder führen zu zweit Übungen mit dem Tuch und dem Ball durch und stellen sie vor.
- Wir fassen das Tuch beidhändig und legen einen Tischtennis-, Japan-Papierball, einen Tennisball oder einen Luftballon in die Mitte des gespannten Tuches. Das Tuch wird hochgehoben, ohne dass sich der Ball bewegt.
- Wir versuchen, den Ball auf dem Tuch in verschiedene Richtungen laufen zu lassen.
- Wir schleudern den Ball im Stand hoch und fangen ihn mit dem Tuch wieder auf **(Abb. 25)**.
- Die Partner stehen in einer Reihe nebeneinander und versuchen, den Tennisball/Luftballon per Schleuderwurf zur Nachbargruppe weiterzuspielen.
- Dasselbe im Sitzen, im Kniestand, mit dem Rücken zueinander.
- Wir werfen einen Tennisball mit dem Tuch hoch, lassen ihn neben dem Tuch aufprellen und versuchen, ihn wieder zu fangen.
- Die Kinder hocken vor dem Tuch. Ein Partner wirft einen Ball in die Luft, lässt ihn einmal auf dem Tuch aufkommen. In diesem Moment wird das Tuch rasch gegriffen und der Ball erneut hochgeschleudert.
- Dasselbe; der Ball wird nach dem Hochwerfen mit dem Tuch gefangen.
- Wir schleudern den Ball oder andere Gegenstände aus dem Tuch heraus. Ein dritter Schüler versucht, sie zu erhaschen.
- Jeweils zwei Partner spielen sich den Ball durch Hochschleudern zu.
- Dasselbe; zwei Bälle werden sich entgegengesetzt mit dem Tuch zugespielt.
- Die Schüler stehen zu zweit hintereinander. Die erste Partnergruppe versucht, einen Ball über den Kopf zur hinteren Gruppe zu schleudern. Wenn der Ball vom letzten Paar gefangen worden ist, rennt dieses mit Tuch und Ball wieder nach vorn etc.
- Dasselbe; die Partnergruppen stehen nebeneinander und übergeben den Ball in der Gasse von einem Tuch zum anderen. Der Ball darf gerollt oder geworfen werden.
- „Transporttuch“ (Staffel): Die Mitglieder einer Gruppe transportieren einen Ball im

Abb. 25

Tuch um einen Kegel bis zum Start und übergeben den Ball auf das Tuch der nächsten Gruppe.

- „Schneemann bauen“: Je 4 Gruppen sitzen hinter einem umgedrehten Kasten, der mit 1 großem Medizinball und 1 kleinem Medizinball, 6 Tennisringen, 1 Gymnastikball, 1 Seidentuch und 1 Hütchen gefüllt ist. Auf Pfiff transportiert das erste Kind der jeweiligen Gruppe den großen Medizinball zu einer Markierungslinie und läuft zum Kasten zurück. Das zweite Kind läuft anschließend mit einem Tennisring zur Markierung, legt ihn auf den Medizinball und rennt zum dritten Kind etc. Die Aufgabe ist dann erfüllt, wenn der „Schneemann“ bis zum Hütchen vollständig zusammengesetzt worden ist **(Abb. 26)**. Anschließend wird der Schneemann in die Einzelteile zerlegt.Das Spiel ist beendet, wenn der Kasten wieder vollständig mit den o.a. Materialien befüllt ist.

Abb. 26

Bierdeckel

Material: Bierdeckel, runde Pappscheiben (farbig oder bebildert)

Die Bierdeckel können leicht über den Getränkehandel in großer Stückzahl bezogen werden. Für die Unterrichtspraxis haben sich die runden Formen als nützlicher erwiesen, da diese besser als Wurfobjekte, zum Fangen und Rollen benutzt werden können. Eine reichere Übungsvielfalt ergibt sich, wenn man die bedruckten Seiten einer bestimmten Bierdeckelanzahl farbig gestaltet (s. Übungen zur visuellen Wahrnehmung). Erste Bewegungsmöglichkeiten im Umgang mit Bierdeckeln als Baumaterial, Platz- und Richtungskennzeichnung, Rutschunterlage und Wurfobjekt können in freien Spielsituationen vorgestellt werden. Nicht nur die Grundbewegungsformen Laufen, Hüpfen, Springen und Ausdauer werden im Unterricht mit Pappdeckeln geübt, sondern auch die spielerische Schulung im Bereich des Gleichgewichts, der Raumorientierung, des Körperschemas und des Handgeschicks. Übungen, die mit geschlossenen Augen durchgeführt werden, führen einerseits zur Sensibilisierung des Auges und andererseits zur Verbesserung der Konzentrationsfähigkeit bei Kindern. Dieser Anwendungsbereich eignet sich besonders als beruhigender Stundenausklang.

Fortbewegung

Gruppenübungen:

- Die Bierdeckel liegen beliebig verteilt auf dem Hallenboden. Wir laufen vor- oder rückwärts um die Bierdeckel, ohne diese zu berühren bzw. darüber zu hüpfen.
- Wir bewegen uns durcheinander, überspringen auf ein Signal die Pappdeckel und laufen weiter. Variationen: Fortbewegungsart auf Signal (Froschhüpfen, Hüpfen auf einem Bein, Krabbeln); Anzahl und Art der Bierdeckel (bebildert, farbig oder beschriftet, z. B. „Überspringt vier Bierdeckel mit einem Bild!“) – Wir bauen Hüpfbahnen aus Bierdeckeln und hüpfen einbeinig rechts bzw. links, im Zick-Zack oder beidbeinig („Känguruhüpfer“) von einem Deckel zum anderen, vor- oder rückwärts. (Beispiele für Hüpfbahnen, **Abb. 27**)

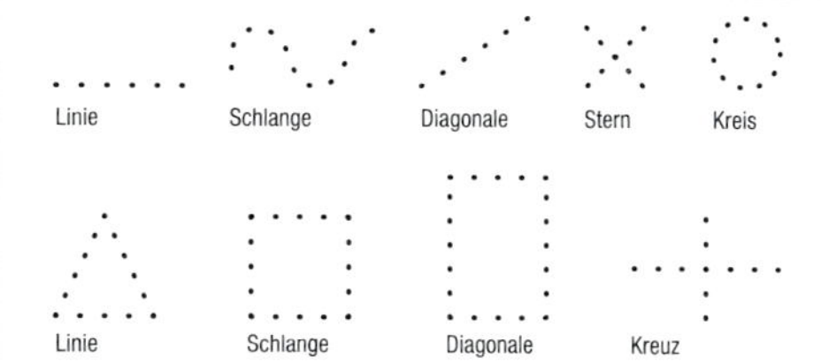

Abb. 27

- Bierdeckelsprungarten: In einem abgegrenzten Feld sind viele Bierdeckel verteilt. An allen vier Seiten stehen gleich viele Kinder, die im Wechsel von einer Spielfeldseite zur anderen Seite hüpfen.

Variationen in der Aufgabenstellung:

- Kreuz und quer von Deckel zu Deckel einbeinig rechts/ links bzw. beidbeinig hüpfen.
- Auf einem Bein über nur 15, 20 etc. Deckel hinüberhüpfen.
- Nur auf farbigen, bebilderten oder beschrifteten Deckeln hinüberhüpfen.
- Beidbeinig hüpfen, dabei muss ein Fuß z. B. eine bebilderte und der andere Fuß eine beschriftete Deckelseite berühren.
- „Känguruhüpfen“: Beide Füße müssen z. B. einen beschrifteten, bebilderten oder farbigen Deckel berühren.
- Vierfüßlergang vor- oder rückwärts und dabei nur bebilderte, farbige bzw. beschriftete Deckel berühren. Tipp: Der Bauchnabel zeigt zur Decke. Das Gesäß wird kräftig angespannt.
- Dasselbe, Krebsgang rückwärts.
- Dreibeingang: Die Hände dürfen z. B. nur die beschrifteten Deckel und der Fuß nur die bebilderten Deckel berühren und umgekehrt.
- Diagonalgang: Die linke Hand und der rechte Fuß bzw. die rechte Hand und der linke Fuß berühren je nach Aufgabenstel-

lung bestimmte Bierdeckelarten.

- Wir berühren abwechselnd beidfüßig (nur bebilderte Seite) und einfüßig (nur beschriftete Seite) die Bierdeckel.
- Wir hinken bzw. hüpfen über z.B. zehn Bierdeckel auf die gegenüberliegende Seite und nehmen am Ende den elften Deckel auf.

Partnerübungen:

- Die Schüler schieben zu zweit im Krebs- oder Kriechgang einen Bierdeckel vor- oder rückwärts.
- Die Kinder bewegen im Kriech- oder Krebsgang gemeinsam drei Bierdeckel vorwärts. Dabei liegt ein Bierdeckel in der Mitte und wird von beiden Händen vorwärts geschoben.
- Zwei Schüler stehen auf einem Paar Bierdeckel und bewegen sich vor- oder rückwärts.
- „Schubkarre“: Ein Kind legt je einen Bierdeckel unter die Hände. Der Partner hält ihn an den Oberschenkeln fest und schiebt ihn vor- bzw. rückwärts **(Abb. 28)**.
- Zwei Schüler stehen sich auf je zwei Bierdeckeln gegenüber, fassen sich an und versuchen, sich „gleichmäßig“ vor- und rückwärts zu bewegen.
- „Nachahmungsrutschen“: Ein Kind bewegt sich auf zwei oder vier Bierdeckeln in verschiedenen Fortbewegungsarten vorwärts. Der Partner versucht, dies nachzuahmen.
- Funktionale Kräftigung der Bauchmuskeln in Partnerwechsel: 2 Partner liegen sich mit angewinkelten Beinen gegenüber. Oberhalb des Kopfes liegt ein Stapel Bierdeckel. Mit beiden Händen wird ein Bierdeckel aufgenommen und übergeben (gerader Bauchmuskel).
- Dieselbe Übung, nur die Bierdeckel werden diagonal übergeben (schräger Bauchmuskel).

Abb. 28

Einzelübungen:

- Die Kinder bewegen sich kriechend im Liegestütz auf zwei Bierdeckeln unter den Händen oder unter den Füßen vor- und rückwarts (linke Hand – rechte Hand, linker Fuß – rechter Fuß, linke Hand – rechter Fuß, rechte Hand – linker Fuß).
- Die Schüler bewegen sich kriechend im Liegestütz auf vier Bierdeckeln unter den Händen und unter den Füßen vor- und rückwärts.
- Die Kinder rutschen mit vier Bierdeckeln im Krebsgang und im Vierfüßlergang vor- oder rückwärts.

Spiel- und Staffelformen

a) Hüpfkästchenspiele

- „Felder-Hüpfen mit einem Bierdeckel": Der Bierdeckel wird in das erste Feld geworfen, ohne dass die Feldlinie berührt bzw. das Feld nicht getroffen wird. Danach hüpft man über das belegte Feld hinüber, hinkt in jedes Kästchen bis zum besetzten Feld zurück und nimmt den Bierdeckel auf. Anschließend wird das erste Kästchen übersprungen. Beim nächsten Durchgang soll der Bierdeckel in das zweite Feld geworfen werden etc. **(Abb. 29)**

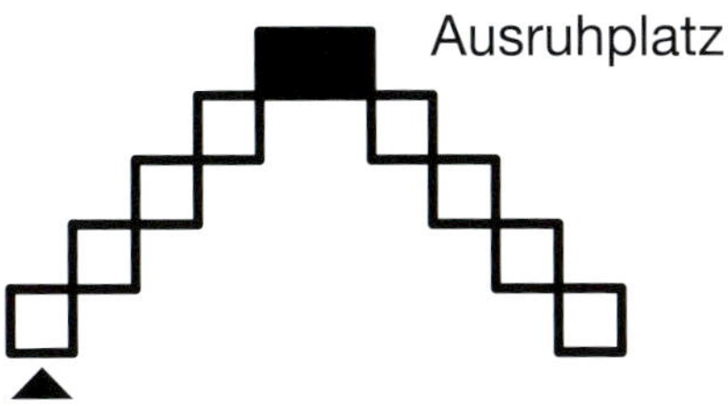

Abb. 29

Abb. 30

- „Wochentag-Hüpfen mit einem Bierdeckel": Der Bierdeckel wird in das erste Kästchen geworfen (Montag). Man hinkt hinterher, hebt den Bierdeckel auf und hüpft wieder zum Anfang. Dann wird der Bierdeckel in das zweite Feld (Dienstag) geworfen etc. **(Abb. 30)**
- Zahlenhüpfen": Die Marke, der Bierdeckel, wird in das Feld Nr. 1 geworfen. Nachdem man einbeinig rechts oder links gehüpft ist, versucht man, den Bierdeckel mit dem Fuß von einem Zahlenkästchen zum folgenden Feld zu stoßen, bis der „Kopf" erreicht ist **(Abb. 31)**.

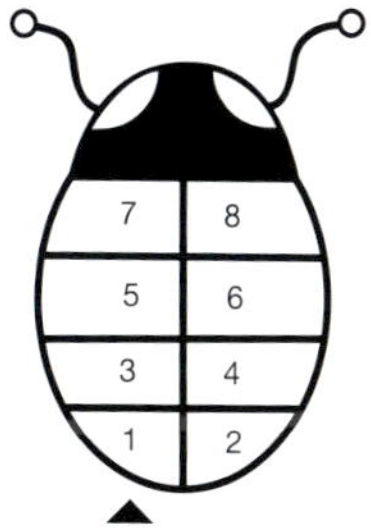

Abb. 31

b) Staffelspiele

- Umkehr- und Pendelstaffel mit verschiedenen Aufgabenstellungen:
  - Schüler bewegen sich im Vierfüßler- oder Krebsgang mit zwei Bierdeckeln vorwärts.
  - Die Kinder bewegen sich im Stehen auf einem oder zwei Bierdeckeln in angegebener Richtung vorwärts.
  - Die Übergabe des Bierdeckels kann u. a. als Ablöseform gewählt werden.
- Transportstaffel: In der Mitte der Halle liegen beliebig viele Bierdeckel. Die Kinder sitzen in vier Gruppen in je einer Ecke der Halle. Auf Signal soll jede Gruppe möglichst viele Bierdeckel in ihre Ecke tragen und sie zu einem Turm aufeinander schichten. Die Kinder, die den höchsten Turm gebaut haben, sind Sieger.

Variationen:

- Anzahl und Art der Bierdeckel, die transportiert werden sollen, müssen vorher festgelegt werden.
- Fortbewegung: Laufen, Hüpfen, Hinken,

Balancieren eines Bierdeckels auf der Handinnen- oder außenfläche.

- Form, die aus den Bierdeckeln am Ziel gelegt werden soll: Buchstabe, Zahl, Haus, Straße aus z. B. 15 Bierdeckeln. Bei jüngeren Kindern müssen die verschiedenen Muster vorher aufgemalt werden. Als Legeform kann auch ein Reifen, der mit Bierdeckeln unter-, be- oder ausgelegt werden soll, gewählt werden.
- Bierdeckelpyramidenbau: Jeder Teilnehmer hat 15 Bierdeckel und versucht von der Stirnseite die Deckel einzeln zum Sprungkasten auf die andere Seite zu transportieren um dort eine Pyramide zu bauen **(Abb. 32)**.

c) Fangspiele

- Alle Kinder bewegen sich als „Rollerfahrer" oder „Skifahrer" mit Übungshilfen (Stäbe) auf einem bzw. zwei Bierdeckeln.
- Schüler rutschen mit zwei Bierdeckeln unter den Händen durch die Halle.

d) Platzwechselspiele

- Die Bierdeckel sind beliebig in der Halle verteilt. Auf Signal müssen sich die um die Pappdeckel herumlaufenden Kinder einen Platz auf einem Bierdeckel sichern. Nach jedem Durchgang wird die Anzahl der Pappdeckel reduziert. Das Kind, das keinen Platz gefunden hat, muss ausscheiden.

e) Ausdauerlaufen mit Bierdeckel

- 100 oder mehr Bierdeckel liegen in einem Depot (Kastendeckel o.a.). Welche Gruppe legt an der Hallenwand eine Figur bzw. die größte Strecke aus?

f) Bierdeckelhockey
(2 Bierdeckel zusammen kleben)

- Wir teilen die Halle in 3 Felder (8 x 12 m) ein und begrenzen sie mit Bänken. In jedem Spielfeld stehen an der Stirnseite offene Kastenteile als Tore. Jeder Mitspieler hält in jeder Hand einen Bierdeckel. Wir versuchen einen kleinen Softball in das

Abb. 32

gegnerische Tor zu spielen. Berührung mit dem Fuß = Freistoß.

g) Würfelspiel

- Die Bierdeckel werden mit Ziffern und Zahlen von 1 bis 120 versehen und unsichtbar beliebig in der Turnhalle verteilt. Wir bilden 2 bis 4 Mannschaften à 3 bis 5 Teilnehmer. Jede Mannschaft denkt sich einen „Schlachtruf" aus, z. B. „Ibi scha-ibi scha-ibi schaschscha!" o. ä. Jede Mannschaft würfelt eine Ziffer. Sofort schwärmen alle Teilnehmer aus, drehen jeweils einen Bierdeckel um und suchen die gewürfelte Ziffer. Hat ein Teilnehmer die Ziffer oder später die gewürfelte Zahl gefunden, ruft er seine Mitspieler herbei, die sich kreisförmig wie die Baseballspieler umarmen. Sie rufen den Schlachtruf und drehen den Bierdeckel wieder um. Danach laufen alle Mitspieler zum eigenen Würfel zurück und der nächste Partner würfelt erneut eine Ziffer, addieren sie hinzu und suchen erneut die neue Zahl. Welche Mannschaft hat zuerst 60 oder 120 Punkte?

Gleichgewicht

- Wir tasten uns mit geschlossenen Augen von einem Bierdeckel zum anderen und benutzen als Weghilfe einen Gymnastikstab („Blindenstock"; **Abb. 33**).
- Wir versuchen, auf der kleinen Bierdeckelfläche verschiedene Standpositionen einzunehmen und diese zu halten (z. B. Einbeinstand, Standwaage, auf Zehenspitzen stellen). Dies kann auch mit geschlossenen Augen probiert werden.
- Variation: Die Kinder laufen durch die Halle und sollen auf Signal versuchen, so schnell wie möglich auf irgendeinen bzw. auf einen bestimmten Bierdeckel (bebildert, beschriftet, farbig) den Einbeinstand, die Standwaage einzunehmen oder sich auf Zehenspitzen zu stellen.
- Wir stellen uns mit einem Fuß auf einen Bierdeckel und fahren „Roller".
- „Gleitschuhfahrer": Wir schieben uns stehend mit zwei Bierdeckeln vor- und rückwärts.
- „Langlauf": Dasselbe, wir stoßen uns dabei mit zwei Gymnastikstäben, die mit Fla-

Abb. 33

schengummihülsen am unteren Ende verstärkt worden sind, ab.
- „Pferd und Wagen“: Ein Schüler steht auf einem oder zwei Bierdeckeln und wird vom Partner an den Händen gezogen.
- „Pappdeckellauf“: Mehrere Kinder sind mit jeweils drei Bierdeckeln ausgerüstet, auf denen sie eine kurze Strecke zurücklegen, ohne dabei den Boden zu berühren. Am Start stellen sie sich auf die zwei hinter der Startlinie liegenden Pappdeckel und legen den dritten so weit nach vorn, dass sie ihn mit dem Fuß gut erreichen können. Der frei gewordene Deckel wird nun nach vorn gelegt, der andere Fuß darauf gestellt, um wiederum den letzten Deckel vorzulegen etc. Dies soll möglichst ohne Bodenberührung durchgeführt werden.
- „Straßenbau“: Die Schüler legen mit den Bierdeckeln „Straßen“. Die „Pflastersteine“ werden gleich- oder ungleichmäßig verteilt. Die Kinder versuchen, partner- oder gruppenweise auf den „Straßen“ vor- oder rückwärts zu balancieren.

Raumorientierung

- Die Bierdeckel liegen beliebig verstreut in der Halle. Die Kinder springen von einem selbstgewählten Ausgangsort (z. B. Bierdeckel an der Tür) zu einem vom Lehrer bestimmten Endpunkt (z. B. Bierdeckel am Tor).
- Die Schüler beschreiben einen geplanten Weg, legen ihn mit Bierdeckeln aus und begehen ihn anschließend.
- Ein Kind führt seinen Partner mit geschlossenen Augen auf einer Bierdeckelstraße. Dieser versucht, ihn anschließend zu beschreiben **(Abb. 34)**. Ein Schüler ertastet sich einen Bierdeckelweg mit dem „Blindenstock“ (Gymnastikstab). Der Partner gibt verbale Hinweise.
- Die Bierdeckel liegen an bestimmten Orten in der Halle verteilt. Die Kinder sollen auf Zuruf bestimmter Ortsangaben schnell die entsprechenden Pappdeckel berühren und zum Ausgangsort zurückkehren. Jeder Schüler erhält einen Bierdeckel und soll ihn an einen selbstgewählten Platz in der Halle legen. Anschließend bewegen sich die Kinder nach

Abb. 34

Musik um die Bierdeckel und sollen nach Musikstop flink ihren eigenen Platz wiederfinden und sich darauf stellen. Jedes Kind hat sich von den in der Halle beliebig verteilten Bierdeckeln einen, zwei oder drei bestimmte Deckel gemerkt. Auf Signal (Hochzeigen der Zahl 1, 2, 3) sollen die im Raum herumlaufenden Schüler schnell ihren bestimmten Bierdeckelplatz einnehmen.

- „Goldtaler verstecken und suchen“: Die Schüler werden in vier gleichgroße Gruppen eingeteilt. Jedes Kind aus je zwei Gruppen erhält vier Deckel („Goldtaler“), die in einer bestimmten Zeitspanne versteckt werden sollen. Die Schüler aus den anderen beiden Gruppen warten währenddessen mit geschlossenen Augen in der Mitte der Halle. Sind alle „Goldtaler“ versteckt, gehen die Zurückgebliebenen auf „Goldsuche“. Wer am meisten „Goldtaler“ gefunden hat, ist Gewinner. Danach werden die Rollen getauscht.
- Eine Gruppe legt einen „Irrgarten“ aus Bierdeckeln. Eine andere Gruppe soll auf verschiedene Weise versuchen, zu dem Bierdeckel zu gelangen, der als Endziel gekennzeichnet ist **(Abb. 35)**.

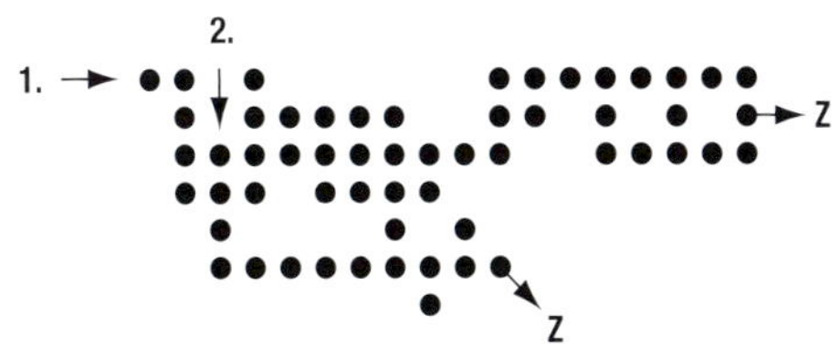

Abb. 35

Visuelle Wahrnehmung

- Wir legen mit einer bestimmten Anzahl Bierdeckel Muster, Figuren, Buchstaben, Zahlen etc.
- Dasselbe; der Partner versucht, das entsprechende Muster mit seinen Bierdeckeln nachzulegen.
- Ein Kind hält die Augen geschlossen. Sein Partner verändert das Legemuster, indem er einen Deckel weglegt, hinzufügt oder umdreht (bebilderte oder beschriftete Seite). Das andere Kind muss nun versuchen, die Veränderung herauszufinden. Danach werden die Aufgaben getauscht.
- Ein Schüler malt ein vorher gelegtes Legemuster in die Luft. Der Partner nimmt es wahr und versucht, das Muster nachzulegen. Die Anzahl der Bierdeckel wird genannt.

Gruppenübungen mit farbigen Bierdeckeln:

- Rote, gelbe, blaue und grüne Bierdeckel liegen in der Halle beliebig verteilt. Auf Zuruf einer bestimmten Farbe werden die genannten Felder von den Kindern besetzt.
- Dasselbe; auf Signal werden bestimmte Formen gelegt, z. B. roter Kreis, blaue Straße, bunte Schlange, grüner Stern, gelbes Kreuz etc.
- Dasselbe; die Kinder sollen auf Zuruf die vorher gelegten Formen besetzen, z. B. „Stellt euch in den roten Kreis!“, „Lauft auf eine blaue Schlange!“, „Setzt euch auf den grünen Stern!“, „Legt euch neben das bunte Kreuz!“.

Handgeschick

- Wir versuchen, einen Bierdeckel so hoch und so weit wie möglich zu werfen.
- Wir erproben verschiedene Fangmöglichkeiten (ein- oder beidhändig, auf der Hand oder auf dem Handrücken).
- Wir versuchen, zwei Bierdeckel gleichzeitig hochzuwerfen und zu fangen. Zusatzaufgabe: „Klatscht in die Hände, wenn der Deckel in der Luft ist!“
- Jedes Kind erhält fünf Bierdeckel, soll sie hochwerfen und versuchen, sie gleichzeitig bzw. nacheinander zu fangen.
- Zwei Kinder stehen sich gegenüber. Sie werfen sich je fünf Bierdeckel gegenseitig zu und versuchen, sie gleichzeitig bzw. nacheinander zu fangen.
- Zwei Kinder stehen sich gegenüber. Sie werfen sich je fünf Bierdeckel gegenseitig zu und versuchen, alle zehn Pappdeckel schnell zu erhaschen. Dabei kann versucht werden, das Tempo zu steigern.
- Partner A befindet sich im Kniestand. Partner B stellt sich davor und lässt eine bestimmte Anzahl Bierdeckel fallen, die von

Partner A mit beiden Händen gefangen werden müssen.

- Dasselbe; das kniende Kind muss die Hände auf den Rücken nehmen, die Arme dürfen nur zum Fangen nach vorne genommen werden.
- Ein Kind kniet. Der Partner steht ihm in bestimmter Entfernung gegenüber und rollt ihm in festgelegter Zeit eine Anzahl Bierdeckel zu. Der andere Schüler muss versuchen, diese möglichst schnell zu fangen.
- „Zielwerfen“: Wir versuchen, Bierdeckel in Kästen, Reifen, Eimer, Kastenteile bzw. durch hochragende Zielobjekte (z. B. Reifen an Tauen, verschieden hoch befestigt) zu werfen.
- Dasselbe, aus quadratischen Bierdeckeln werden verschieden hohe Türme oder Häuser in unterschiedlicher Entfernung aufgestellt. Die Kinder sollen versuchen, diese mit runden Bierdeckeln (Wurfscheiben) zum Umfallen zu bringen.
- „Es regnet“. Alle Kinder sammeln die Bierdeckel ein und werfen sie gleichzeitig in die Luft.

Körperschema

- Ein Bierdeckel soll mit verschiedenen Körperteilen wie Knie, Oberschenkel, rechter oder linker Fuß, rechte oder linke Hand, Kopf, Nase oder Stirn jongliert werden. Zusatzaufgabe: Versucht ein Haus aus Bierdeckeln auf der Hand zu tragen!
- Wir versuchen, mehrere Bierdeckel auf verschiedenen Körperteilen zu tragen (z. B. Transport von zwei Deckeln im Vierfüßlergang auf dem Rücken wie ein „Packesel“ oder im Stehen mit gekrümmten Rücken wie eine „bucklige Hexe“).
- Ein Bierdeckel soll zwischen Körperteilen getragen werden, ohne dass dieser herunterfällt (z. B. zwischen Kinn und Brustbein, Oberarm und Unterarm, Oberschenkel und Unterschenkel).
- Zwei Schüler klemmen einen Bierdeckel an verschiedenen Körperteilen zwischen sich ein (z. B. zwischen Kopf und Kopf, Gesäß und Gesäß) und versuchen, ihn von einer Wand zur anderen zu transportieren.
- Ein Kind „unterlegt“ den Partner an bestimmten Körperteilen mit Bierdeckeln.

Abb. 36

Dieser soll anschließend die entsprechenden Körperteile nennen oder zeigen **(Abb. 36)**.
- Ein Schüler steht dicht an der Wand. Der Partner legt zwischen Wand und Körper Bierdeckel; das andere Kind versucht, sie mit den entsprechenden Körperteilen festzuhalten.
- Die Kinder bewegen sich nach Musik, um die in einem Feld beliebig verteilten Bierdeckel. Nach Aussetzen der Musik zeigt der Lehrer auf ein bestimmtes Körperteil. Daraufhin suchen sich die Kinder schnell einen Bierdeckel und verstecken ihn hinter dem gezeigten Körperteil (Rücken, Hand, Bein, Fuß, Gesäß, rechte oder linke Hand, Gesicht). Ist dies gelungen, wird die nächste Laufrunde durch die einsetzende Musik angekündigt.

Variation: Die Bierdeckel werden mit den entsprechenden Körperteilen berührt.

Eigene Ideen und Anmerkungen:

Papp- und Bananenkartons

Material: Jedes Kind erhält einen Schuh- oder Bananenkarton.

Kartons haben für Kinder einen hohen Aufforderungscharakter. Im Einzelnen können sie dazu anregen, eigene Bewegungsideen auszuprobieren, gemeinsam damit zu bauen, zu konstruieren bzw. durch spontanes Handeln Spiele zu arrangieren.

Ausdauerschulung

- Alle Kartons werden in der Halle verteilt, und wir gehen, laufen oder hüpfen nach Musikbegleitung um diese herum.
- Wir tragen alle Pappkartons hoch über dem Kopf und bewegen uns so durch die Halle.
- Die Kinder steigen in die geöffneten großen Pappkartons (Boden und Deckel entfernt) und laufen in ihren „Autos“ durch die Halle. Das Tempogefühl schulen wir durch Taktschlagen auf dem Tamburin bzw. mit Musikbegleitung.
- Die „Autos“ fahren auf den Hallenlinien vorwärts und rückwärts.
- Der „Verkehrspolizist“ (Übungsleiter) steht in der Mitte der Halle und leitet den Verkehr durch Handzeichen.
- Wir stellen die Pappkartons in einer Reihe auf. Alle Kinder umlaufen diese außen und im Slalom.
- Wir springen aus dem Laufen über die Pappkartons.
- Wir springen mit geschlossenen Beinen über unsere Pappkartons.
- Wir springen in die Kartons hinein und wieder hinaus.
- Im Stand spielen wir Gewichtheber und heben den Karton mit gestreckten Armen in die Höhe **(Abb. 37)**.
- Alle Kartons werden im Schlusssprung überwunden.
- Wir sind kleine Häschen und hüpfen in der tiefen Hocke um die Pappkartons.
- Wir schieben mit verschiedenen Körpertei-

Abb. 37

len die Pappkartons durch die Halle.

- 6 bis 8 Kartons werden in einer Reihe ausgelegt. Ein Schüler umläuft einen Kasten, läuft zurück zum Ausgangspunkt, umläuft den 2. Karton, etc. bis alle Kartons mit dem Wechsellaufen umrundet sind. Danach läuft der nächste Partner.

Bewegungsfördernde Übungen

Schulung der Beweglichkeit und Kräftigung der Bauch-, Rücken- und Brustmuskulatur.

In der Rückenlage:

- Knie- und Hüftgelenke fast rechtwinklig gebeugt, Fersen bzw. Unterschenkel werden oberhalb des BK gehalten. Wir richten den Oberkörper auf und halten die Hände auf Höhe der Knie. Diese Position halten wir ca. 10 bis 15 Sekunden **(Abb. 38)**. Ziel: Kräftigung der geraden Bauchmuskel
- Dieselbe Übung, aber aus der Vorspannung ziehen die Hände seitlich zu den Fersen. Ziel: Kräftigung der schrägen Bauchmuskel.

Im Sitzen:

- Die Kinder sitzen aufrecht im Schneidersitz und halten die Kartons über dem Kopf. Wir stellen den Karton auf den Boden und heben die gestreckten Beine darüber.
- Wir sitzen gegrätscht vor dem Karton, heben die Beine an und schließen die Füße oberhalb des Kartons.
- Wir stellen den Karton auf die gestreckten Beine und fahren langsam Karussell.
- Bauchlage vor dem offenen PK, die Arme in U-Halte und Blick zum Boden. Wir heben etwas den Oberkörper und strecken die Hände in den geöffneten PK und drücken die Hände seitwärts an die Innenwand, dabei spannen wir kräftig das Gesäß an. Ziel: Kräftigung der Schulter-, Rücken- und Brustmuskulatur

Im Liegen:

- Partner A kniet sich hin und stützt sich mit den Händen ab (Bankstellung). Partner B stellt einen Karton auf den Rücken, den Partner A nun langsam auf und ab bewegt (Kamelreiten).

Abb. 38

- Ein Kind liegt auf dem Rücken und hält die Beine gestreckt nach oben. Der Partner stellt den Karton auf die Fußsohlen. Durch Beugen und Strecken spielen wir Fahrstuhl **(Abb. 39)**.
- Der Partner legt kleine Gegenstände (Tennisring, Tennisball, Schlagball etc.) in den Karton. Der Schüler senkt den Karton bei der neuen Belastung immer weiter nach unten.
- Wir bauen mit den Kartons einen Turm.
- Wir kriechen durch die geöffneten Bananenkartons.
- Die Teilnehmer kriechen durch alle aufgestellten großen Kartons.

Staffelformen

Wir teilen die Teilnehmer in zwei bis vier Gruppen ein. Einige Kartons werden am Boden so geöffnet, dass die Schüler hindurch kriechen können. Mehrere Kartons werden in einer Reihe aufgestellt (abwechselnd ein geöffneter und ein geschlossener Karton).

- Die Kinder kriechen durch den ersten Karton, überspringen den zweiten usw.
- Wir starten ein „Seifenkistenrennen". Ein Teilnehmer steigt in einen Karton, hebt ihn auf und läuft um ein Laufmal.
- Wir stellen den Karton auf eine Teppichfliese. Ein Partner sitzt im Karton und lässt sich schieben.
- Dieselbe Übung, jedoch kniet der Partner nun auf der Teppichfliese und hält waagerecht einen Stab. Zwei andere Partner ziehen ihn. Wir spielen „Pferdekutscher".
- Die Gruppen stellen ihre BK einzeln bzw. in einer Reihe auf. Es erfolgt eine variantenreiche Staffel.
  - Alle umlaufen die BK-Reihe
  - Die gleiche Form im Slalom
  - Die Kinder durchkriechen die BK
  - Die Teilnehmer kriechen durch den ersten BK, überspringen den 2 etc.
- Seifenkistenrennen: Dabei werden zunächst die Böden zur Seite gebogen, die Kinder steigen in den Karton, heben ihn auf und laufen um ein Mal.
- Tandemlauf: Partner A umläuft den ersten BK, kommt zurück und holt den zweiten Partner ab. Beide umlaufen hintereinan-

Abb. 39

der als Eisenbahn den ersten und dann den zweiten Karton und holen den dritten Partner ab etc.

- Nummernlauf: Jedes Kind in der Staffelreihe erhält eine Nummer. Jeweils die aufgerufene Nummer umläuft, überspringt usw. die BK.
- Turmbaustaffel: Jeder Teilnehmer aus der Gruppe stellt am Ende der Halle den BK auf. Welche Gruppe hat den höchsten und sichersten Turm?
- Kastenball: Jeweils zwei Mannschaften spielen nach Handball- oder Basketballregeln, bzw. ohne zu prellen gegeneinander und versuchen in den gegnerischen BK, der an der Stirnseite auf einer Matte steht, hineinzuwerfen.
- Transportstaffel: Alle Riegenteilnehmer besitzen ein Teilstück zum transportieren (benötigt werden drei BK, ein Schaumstoffwürfel, ein Ringtennisring, ein Softball und eine Softfrisbeescheibe).
- An der Stirnseite postiert jeder Teilnehmer ein Teilstück und entwickelt so den Roboter neu **(Abb. 40)**.

Abb. 40

Haushaltsrolle

Material: Haushaltsrollen, Architektenrollen bzw. Papprollen, die früher als Garnspulen verwendet wurden. Kinder können die Papprollen auch anmalen.

Aufwärmarbeit

- Wir stellen unsere großen und kleinen Papprollen frei und aufrecht in den Raum.
- Wir versuchen, alle Papprollen mehrmals außen zu umrunden **(Abb. 41)**.
- Wir bewegen uns im Raum zwischen den Papprollen, gehen bei einer kleinen Rolle in die tiefe Hocke („kleiner Mann") und bewegen uns so zur nächsten Rolle, um bei der großen Papprolle auf Zehenspitzen („großer Mann") fortzuschreiten.
- Wir stellen die Papprollen in einem Abstand von einem Meter in Reihe auf und versuchen, im Seitgalopp bzw. mit Schlusssprüngen die Hindernisse zu umlaufen.
- Die Papprollengasse wird mit „Wedelhüpfern" umsprungen.
- Wir rollen unsere Papprollen mit den Händen bzw. Füßen durch die Halle.
- Wir rollen die Papprollen auf den Haltelinien entlang.
- Wir halten die Papprolle in Hochhalte und spielen „Gewichtheber".

Partnerarbeit

Ein Kind legt mit mehreren Papprollen eine Figur auf den Hallenboden aus.

- Wir imitieren mit dem eigenen Körper die Stellung der ausgelegten Figur.

Abb. 41

- Ein Schüler verändert die Figur; alle anderen verändern ihre Stellung ebenfalls.
- Wir legen eine Fantasiefigur. Alle Kinder beteiligen sich mit der Papprolle.
- Zwei Partner bewegen sich mit zwei großen Papprollen als „Lokomotive" durch die Halle.
- Unsere „Lokomotive" bewegt sich auf allen Hallenlinien („Schienen").
- Mehrere „Lokomotiven" laufen als Paare hintereinander (Tandem) vorwärts.
- Einige Paare stehen sich gegenüber, halten die Hände in Hochhalte und bilden mehrere Tunnel. Die „Lokomotiven" durchqueren alle Tunnel.
- Dieselbe Übung im Wechsel.
- Zwei „Lokomotiven" laufen nebeneinander.
- Zwei Partner stehen sich gegenüber, halten die Papprolle rechts und links an den Enden fest und schwingen beide Rollen seitlich aufwärts.
- Die Papprollen werden wechselseitig hoch und tief gehalten.
- Zwei Partner sitzen Rücken an Rücken (Beine angehockt) und heben die Papprolle seitwärts in die Hochhalte.
- Eine Partnergruppe kniet sich im Abstand von einem Meter in Reihenform hin, die anderen Teilnehmer überspringen die Papprollen im Pferdchensprung, Schlusssprung, hinkend etc. **(Abb. 42)**.
- Ein Partner hält die Papprolle, der andere führt eine Hockwende aus oder schlägt ein Rad darüber.
- Blindenführer: Alle Haushaltsrollen werden in der Turnhalle verteilt. Ein Partner

Abb. 42

verbindet die Augen mit dem Seidentuch und wird vom anderen Mitspieler geführt **(Abb. 43)**.

Dieselbe Übung, nur auf taktiler Wahrnehmung gehen:
- Ein Tick im Rückenbereich = vorwärts gehen
- Ein Tick auf die linke Schulter = links herum,
- Ein Tick auf die rechte Schulter = rechts herum
- Ein leichter Tick auf dem Kopf = Stopp!

- Mehrere Kinder verteilen alle Haushaltsrollen in der Halle; 4 Kinder versuchen, mit einem Softball möglichst alle stehenden Rollen umzuwerfen; die anderen Partner stellen sie sofort wieder auf.

Spielformen

- Alle laufen mit einer Haushaltsrolle. Ein ernannter Mitspieler versucht einen anderen mit der Haushaltsrolle am Gesäß zu berühren. Der berührte Partner ist neuer Spielleiter und versucht einen Mitspieler zu berühren.
- Verzaubern – Erlösen: Ein Schüler ist Fänger und trägt einen „Zauberstab" in der Hand. Wird ein Kind damit berührt, ist es verzaubert und bleibt im Grätschstand stehen. Es ist erlöst, wenn ein anderer Schüler durch die gegrätschten Beine krabbelt.

Körperbildende Übungen im Streck- und Hocksitz

- Wir rollen unsere Papprollen auf den gestreckten Beinen bis zu den Fußspitzen vor und zurück (Ruderübung).
- Wir halten die Papprolle sitzend mit den Füßen fest und versuchen, mit angehockten Beinen Karussell zu fahren.
- Wir liegen in Rückenlage (Beine angehockt) und versuchen nun, mit Schwung wieder in den Sitz zu gelangen.
- Wir versuchen, im Strecksitz mit den Füßen die Papprolle hin und her zu rollen.

Abb. 43

- Wir halten mit angehockten Beinen die Papprolle im Nacken und versuchen, sie kraftvoll senkrecht nach oben zu stemmen (beugen, strecken).
- Zwei Partner sitzen sich gegenüber, die Beine angehockt, die Füße angezogen. Ein Partner hält die Rolle, der zweite legt sich hin, richtet sich wieder auf und übernimmt die Papprolle.
- Dasselbe im Wechsel.
- Zwei Partner sitzen sich im Grätschsitz gegenüber und rollen sich gegenseitig die Papprolle zu.
- Wir verweilen im Schneidersitz, halten die Papprolle als „Fernrohr" in die Höhe und schauen durch die Öffnung zur Decke („Sterne deuten").
- Dieselbe Übung, jedoch verdrehen wir nun den Oberkörper leicht nach links und rechts.

Körperbildende Übungen in der Bauchlage

- Wir liegen auf dem Bauch, die Arme weit ausgestreckt und beide Hände flach auf der Papprolle (Blick auf den Boden). Wir wollen einen „Kuchenteig" rollen. Beim Vorwärts- und Rückwärtsrollen drücken wir mit den Händen die Papprolle leicht nach unten.
- Die Kinder nehmen die Papprolle als „Fernglas" und halten Ausschau, um Schiffe zu erspähen.
- Dieselbe Übung; nur drehen wir uns mit dem Oberkörper leicht nach links und rechts.
- Alle Kinder halten mit einer Hand die Papprolle als Fernglas und stoßen sich mit der anderen Hand bäuchlings ab („Karussell").
- Wir halten die Papprolle mit beiden Händen und heben sie mit gestreckten Armen vom Fußboden **(Abb. 44)**. Dabei wird das Gesäß angespannt, Zehen und Knie drücken gegen den Boden.

Abb. 44

Keksdose

Material: Jedes Kind erhält eine große Keksdose.

Ausdauerschulung

- Wir halten die Keksdose wie ein Steuer in der Hand und laufen durch die Halle.
- Wir bewegen uns vorwärts, rückwärts und fahren Kurven.
- Wir rollen unsere Keksdosen durch die Halle vorwärts, rückwärts, auf den Hallenlinien und auf einer Kurvenbahn.
- Wir umlaufen die rollende Keksdose bzw. versuchen, neben her zu laufen.
- Wir drehen die Keksdose und beobachten die Dose, bis sie am Boden liegt.
- Von der Stirnseite der Halle werden alle Keksdosen mit Schwung angerollt. Dabei beobachten die Kinder, wie die Dosen ausrollen und versuchen, die gleiche Strecke nachzulaufen.
- Wir laufen um alle liegenden Keksdosen herum, dann im Seitgalopp, im Hopserlauf und überspringen die Dosen.
- Wir umlaufen alle Dosen und berühren dabei die Deckel mit der Hand, bei der nächsten Runde mit der anderen Hand.
- Dieselbe Übung, wir berühren nur die blauen, dann die roten Deckel.
- Wir legen alle Keksdosen in mehreren Reihen aus und überspringen die Keksdosen im Schluss- bzw. Pferdchensprung.

Haltungs- und Bewegungsschulung

- Hockwenden an den Keksdosen.
- Im Schneidersitz die Keksdose hochhalten **(Abb. 45)**.
- Im Grätschsitz rollen wir uns die Keksdosen zu **(Abb. 46)**.
- In Bauchlage die Keksdose mit gestreckten Armen halten, Blick nach unten.
- Im Sitz legen wir die Keksdose auf die leicht angewinkelten Beine und halten sie.
- Dieselbe Übung, wir fahren „Karussell“.
- Wir gehen in aufrechter Haltung durch die Halle.
- Die Keksdosen werden mit verschiedenen

Abb. 45

Abb. 46

Körperteilen balanciert **(Abb. 47)**.
- Wir balancieren auf den Hallenlinien entlang.
- Wir gehen über die Bank vorwärts und rückwärts.
- „Kamelreiten“: Partner A geht in die Bankstellung, Partner B legt nacheinander die Keksdosen auf den Rücken, dabei hebt und senkt Partner A den Rücken **(Abb. 48)**.
- „Fahrstuhl“: Partner A liegt auf dem Rücken und hockt die Beine rechtwinklig an. Partner B legt nacheinander die Keksdosen auf die Füße. Dabei versucht Partner A, durch Beugen und Strecken der Beine, die Keksdose zu heben und zu senken.

Akustisches Wahrnehmen – Rhythmusschulung

Für die ganzheitliche Entwicklung der Kinder im Vorschulalter hat die Musik eine zentrale Bedeutung. Bereits Kleinkinder haben rhythmisches Empfinden, und Kinder reagieren ganz natürlich auf Stimmen, Geräusche und Töne. So sind im Sportunterricht der Elementar- und Primarstufe Bewegung und Musik hervorragende Kommunikationsmittel und eröffnen Möglichkeiten vielfältiger sozialer Kontakte.

- Wir probieren im Schneidersitz aus, welche Geräusche man mit der Keksdose machen kann.
- Wir trommeln mit einem Klöppel, einem Stock oder mit den Händen verschiedene Rhythmen.
- Partner A schlägt den Rhythmus und Partner B spielt ihn nach.
- Ein Kind schlägt einen Laufrhythmus (tamm-tamm-tamm-tamtaramtamtam etc.) für seinen Partner; danach Wechsel.
- Das 1. Kind schlägt den Galopprhythmus (ta-tam, ta-tam ta-tam etc.).
- Wir schlagen den Hopserlaufrhythmus (taramtata, ta-ramtata etc.).
- Im Wechsel versuchen die Kinder, die Wahrnehmungen in Bewegung umzusetzen.
- Ein Unwetter naht ... Alle Kinder sitzen im Schneidersitz und ahmen Geräusche nach:
  - Einige Regentropfen fallen hernieder (mit beiden Zeigefingern auf den Deckel oder die Keksdose tippen),
  - der Regen wird stärker (alle zehn Finger

Abb. 47

Abb. 48

trommeln auf den Deckel),
- ein Hagelschauer geht hernieder (mit den Fingerknöcheln auf die Keksdose klopfen),
- ein Gewitter folgt, es blitzt (alle Kinder klatschen in die Hände),
- es donnert (mit den Fäusten auf den Deckel trommeln).

Spiele

- Wir stellen mehrere Keksdosen übereinander auf die Bank und versuchen, sie mit dem Softball aus einiger Entfernung abzuwerfen.
- Ein Kind rollt parallel zur Bank nacheinander die Keksdosen; die anderen Schüler versuchen, die Dosen mit dem Softball zu treffen. Zielwerfen.
- Wir prellen mit der Dose den Softball **(Abb. 49)**.
- Wir versuchen, den Schaumstoffball mehrmals an die Wand zu spielen.
- Partnerweise spielen wir uns den Ball zu.
- Ein Kind spielt den Ball seinem Partner zu, dieser versucht den Ball mit der geöffneten Dose aufzunehmen.
- Staffellaufen: „Eierlaufen" mit dem Softball auf dem Deckel.
- Wir werfen uns den Deckel als Frisbeescheibe zu.
- Zielwerfen in die offene Keksdose: Wir versuchen, aus einer kurzen Entfernung mit dem Tennisball in die offene Keksdose zu treffen und vergrößern jeweils die Entfernung. Wer trifft die Dose am weitesten? Der Ball muss in der Dose liegen bleiben.
- Boccia-Spiel: Von einer Grundlinie aus wird eine Keksdose wie beim Kegeln mit dem Tennisball vorwärtsgetrieben. Der nächste Wurf erfolgt immer von der Grundlinie. Wer ist zuerst am vorgegebenen Ziel?

Abb. 49

Spiel- und Übungsformen mit Kleingeräten

Mit Kleingeräten lassen sich viele Bewegungsformen im Bereich der Wahrnehmung, des Gleichgewichts, Koordination, Beweglichkeit, Kraft, Ausdauer und des sozialen Handelns umsetzen. Gruppenspiele bilden dabei oft Voraussetzungen für eine partnerschaftliche Kommunikation. Durch Abwandlungen bestimmter Spielsituationen und Spielregeln versuchen wir, Bewegungseinheiten auch einen kooperativen Charakter zu geben. Das auf eigene Erlebensvorgänge ausgerichtete, kindgerechte Unterrichtskonzept soll vorwiegend durch vielfältig dargebotene Bewegungssituationen erreicht werden. Kleingeräte sind vielseitig verwendbar und bieten die Möglichkeit des „Geschichtenfindens" und damit der Selbstverwirklichung in Rollenspielen. Heulschläuche können z. B. nicht nur jongliert oder geschwungen werden, sie erleichtern beim Spiel auch das Nachahmen typischer Bewegungen oder Verhaltensweisen eines Tieres (z. B. Elefant). Die Anregung der Phantasie beim Üben kann auch hilfreich zur Überwindung von Angst sein.

Abb. 50

Sprungseil

Material: Alle Teilnehmer erhalten ein Gymnastik-Sprungseil, 2,80 m lang, verstärkt mit Endknoten (aus Multifilgam geflochten, ca. 9 mm stark).

Dieses Gerät wirkt im Sportunterricht oft besonders bewegungsmotivierend und ermöglicht vielseitiges Experimentieren. Dabei probieren Kinder eigene Ideen aus, entwickeln oft kreatives, selbständiges Handeln und verbessern unbewusst die vorhandene Disposition ihres Leistungsvermögens.

- Wir laufen durch die Halle und ziehen das Seil hinter uns her.
- Wir gehen rückwärts und „schlängeln" mit dem Seil.
- Wir legen das Seil der Länge nach aus und balancieren hinüber.
- Wir springen als „Wedelhüpfer" hinüber.
- Wir laufen um das ausgelegte Seil.
- Wir hüpfen auf einem Bein herum.
- Zwei Partner fassen sich an und hüpfen im Rhythmus über das Seil **(Abb. 51)**.
- Wir sitzen quer zum Sprungseil und trommeln mit den Füßen auf den Hallenboden.
- Fußbeugen und Fußstrecken über das Seil als Hacke-Spitze, Hacke-Spitze usw.
- Die Kinder sitzen im Schneidersitz, Oberkörper aufrecht und ziehen in Hochhalte das Seil kräftig auseinander.
- Wir führen das Seil im Schneidersitz aus der Hochhalte mit gestreckten Armen zurück und dehnen nach hinten.
- Im Stand wird das Seil zweimal halbiert: Wir halten das Seil vor dem Körper und gehen in die tiefe Beuge.
- Rumpfbeugen von links tief/seitlich über den Kopf nach rechts.
- Aus der Seitgrätschstellung das Seil schwungvoll durch die gegrätschten Beine, dann wieder hoch mit Schwung über den Kopf weit rückschwingen.
- Wir halten das Seil mit gestreckten Armen hoch über den Kopf und ziehen nach links, während der Kopf sich nach rechts bewegt.

Abb. 51

- Aus dem Stand wird das Seil mit den Zehen angehoben (wer kann es am höchsten)?
- Wir hüpfen mit dem Seil zwischen den Zehen am Ort und winken.
- Wir formen mit dem Seil einen Kreis; wir umlaufen, hüpfen beidbeinig und springen auf einem Bein um den Kreis.
- Wir balancieren auf dem Kreis.
- „Uhrzeitspringen“: Wir stehen im Mittelpunkt des Kreises und hüpfen beidbeinig aus dem Kreis auf „9 Uhr“, „3 Uhr“, „12 Uhr“, „6 Uhr“ usw.
- Wir stützen uns mit beiden Händen vorlings im Kreis, die Füße laufen als Uhrzeiger außen um den Kreis.
- Wir stützen uns im Kreis rücklings ab, die Füße bewegen wir außen herum.
- Wir sitzen im Kreis und drehen uns mit gestreckten und danach mit angehockten Beinen als Karussell.

Die Schüler legen alle Seile quer im Abstand von ca. 1 m als Gasse aus:

- Alle Kinder umlaufen die Gasse, danach im Slalom oder Seitgalopp (auch mit Musik).
- Wir überspringen die Seile im Schlusssprung, danach auf einem Bein.

Wir spielen Hubschrauber

- Techniker überprüfen das Seil. Jedes Kind kniet vor dem Seil und berührt das Seil. Wir legen das Seil zweimal zusammen. Der Rotor setzt sich in Bewegung. Wir schwingen das Vierfachseil als Rotor langsam über dem Kopf. Check up. Wir stehen langsam auf und lassen den Rotor immer schneller drehen. Alle Hubschrauber fliegen, wir bewegen uns langsam und dann immer schneller durch die Halle. Ein Pilot gibt Anweisungen: „Wir bleiben stehen, landen etc.!“

Partnerübungen

(Alle Übungen werden im Wechsel geübt.) Alle Kinder legen sich die Gymnastikseile als Zügel um den Nacken. Die beiden Enden werden dann von vorn unter den Armen hindurch nach hinten gereicht, damit der Partner „lenken“ kann.

- Wir laufen als „Pferd und Kutscher“ durch die Halle **(Abb. 52)**.

Abb. 52

- Wir laufen im Galopp, später ganz leise auf dem Ballen.
- Wir nutzen die Hallenlinien als Hindernisse und überspringen die Linien.
- Sprintübungen gegen den Zugwiderstand Das Seil wird in Hüfthöhe um den Partner gelegt und der Vordermann sprintet gegen den Zug des Hintermannes zur anderen Hallenseite. Wir wechseln.
- Wir legen uns auf den Bauch, erfassen mit beiden Händen die Seilmitte und lassen uns ziehen.
- Mit dem Blick zu den Füßen legen wir uns auf den Rücken und lassen uns ziehen.
- Zwei Partner ziehen den Teilnehmer auf einer Teppichfliese bzw. Rollbrett.

Übungen in Dreiergruppen

- Zwei Partner sitzen sich aufrecht im Schneidersitz gegenüber und halten das Seil stramm in Bauchnabelhöhe. Der dritte Partner überspringt das Seil und läuft in Achterform um die Partner.
- Er läuft in Achterform, aber kriecht unten durch.
- Die Dreiergruppen setzen sich in Kreisform. Der dritte Partner überspringt alle Seile im Kreis. Nach der Rückkehr wird ein Partner abgelöst.
- Ein Kind der Dreiergruppe turnt die Hockwende **(Abb. 53)**.
- Tauspringen in der Dreiergruppe (bei Anfängern wird das Seil nur hin- und hergependelt).
- Zwei Kinder schwingen das Seil, das dritte läuft mehrmals unten durch.
- Zwei Seile werden übereinander gehalten; wer kann durch den Zwischenraum (Fenster) springen, ohne die Seile zu berühren?

Übungen an der Langbank:

Zwei Kinder stehen sich gegenüber und spannen das Seil weit über die Bank. Ein Kind geht über die Bank und überspringt das kleine Hindernis im Pferdchensprung.

- Wir ziehen uns auf dem Bauch zur Mitte der Bank, springen über die Schnur und ziehen uns weiter bis zum Bankende.

Abb. 53

Tau

Material: 10 bis 12 m langes Tau aus Weichhanf, Enden mit Kunststoffabschluss, Taustärke 25 mm.

Eine abwechslungsreiche, vielseitige Lauf- und Sprungschulung sowie eine allgemeine Körperkräftigung lässt sich unter ganz einfachen Verhältnissen in der Turnhalle oder auf dem Rasen mit dem langen Tau durchführen. Wir legen das Tau in die Mitte der Halle der Länge nach auf den Hallenboden.

- Wir gehen um das Tau herum.
- Wir laufen um das Tau.
- Wir gehen leise auf den Ballen um das Tau.
- Wir laufen im Hopserlauf und danach im Seitgalopp herum.
- Alle Teilnehmer führen von einem zum anderen Tauende „Wedelhüpfer“ aus.
- Wir hüpfen auf einem Bein am Tau entlang, mit dem anderen zurück.
- Wir balancieren (möglichst barfuß) über das Tau **(Abb. 54).**
- Dieselbe Übung mit dem Mittelfuß seitwärts.
- Im Stütz rücklings versuchen wir, uns im Krebsgang (Tau zwischen Händen und Füßen) fortzubewegen.
- Wir bewegen uns im Stütz vorlings auf allen vieren vorwärts.

Abb. 54

- Alle fassen im Sitzen mit beiden Händen das Tau an. Wir heben das Tau hoch über den Kopf und ziehen es kräftig mit beiden Händen auseinander **(Abb. 55)**.
- Wir sitzen im Schneidersitz, heben das Tau über den Kopf und beugen uns weit vor.
- Wir legen uns in die Rückenlage und heben das Tau mit gestreckten Armen an die Füße.
- Wir halten das Tau in der Rückenlage, beugen den Rumpf weit vor und legen das Tau vor den Füßen ab (Beine angewinkelt).
- Alle Teilnehmer wiederholen die Übung, stützen sich dann mit den Händen rücklings ab und bewegen die Füße mit den Zehen und dann mit den Hacken wechselseitig über das Tau (Hacke-Spitze).

Abb. 55

- In der Bauchlage heben wir gemeinsam das Tau hoch; der Lehrer achtet darauf, dass die Kinder sich extrem strecken, also mit den Oberarmen die Ohren berühren. Dabei spannen wir das Gesäß kräftig an **(Abb. 56)**.
- Wir spielen Eisenbahn. Alle Teilnehmer steigen mit einem Bein über das Tau in den „Zug". Unsere Reise geht durch die Halle, kreuz und quer, vor- und rückwärts.
- Der Zug fährt über die Hallenlinien und über kleine Hindernisse (Sprungkästen).
- Wir halten im Stehen das Tau in die Hochhalte und ziehen es kräftig auseinander.
- Wir halten das Tau mit einer Hand und dann mit der anderen über dem Kopf.
- Mehrere Teilnehmer halten das Tau hoch über dem Kopf; die anderen versuchen, im Schlusssprung hochzuspringen und mit beiden Händen oberhalb des Taues in die Hände zu klatschen.
- Einige Kinder halten das Tau in Hüfthöhe, die anderen Kinder laufen und springen abwechselnd hinüber.
- Wir springen im Schlusssprung über das Tau und kriechen sofort unten durch.
- Die Teilnehmer halten das Tau in Kniehöhe. Die Übenden springen hinüber und versuchen, sich bäuchlings unten durchzuziehen.
- Alle Kinder stehen am Ende zum langen Tau und messen mit Schritten die Entfernung.
- Dieselbe Übung, aber mit kleinen Mäuseschritten.
- Wie viele Sprünge braucht ein Frosch, Känguru oder Pferd bis zum Ende?
- Wir benutzen das Tau zum Tauziehen. Zwei Gruppen versuchen, sich gegenseitig über die Mittellinie zu ziehen.
- Tauziehen: Zwei Partner setzen sich auf eine Teppichfliese und halten das Tau am Ende straff fest. Zieht Euch auf Kommando gleichzeitig aufeinander zu. Wer hat zuerst die Taumitte erreicht?

Abb. 56

Zauberschnur

Material: für 10 bis 12 Kinder eine Gummischnur, 8 bis 10 m lang, mit Plastikverschluss.

Eine Bewegungsschulung mit diesem Handgerät beinhaltet Aufgaben, mit dem wir besonders die Kraft, die Beweglichkeit, die Gewandtheit, die Koordination und Ausdauer sowie rhythmische Grundlagen schulen.

Erwärmung

Alle Teilnehmer fassen die Zauberschnur mit der rechten Hand und ziehen sie stramm.

- Wir gehen im Kreis.
- Wir gehen rechts- und linksherum (im Wechsel).
- Wir wechseln vom Ballen- in den Fersengang.
- Wir laufen rechts- und linksherum.
- Wir gehen auf den Fußballen, heben und senken dabei die Schnur.
- Wir laufen im Hopserlauf.
- Wir laufen im Seitgalopp.
- Dasselbe, aber mit einer Temposteigerung.

Übungsformen im Sitzen

- Wir halten die Zauberschur über dem Kopf und wechseln zwischen Streck- und Hocksitz.
- Aus der Hochhalte die Schnur langsam an die Füße führen.
- Die Schnur an die Füße führen und danach weit in die Rückenlage zurücklegen („Sonnenblume“; **Abb. 57**).
- Wir stützen uns rücklings ab und heben mit angehockten Beinen die Schnur am Fußrist an.
- Wir halten die Zauberschnur in Bauchhöhe fest und legen die Füße über den Kopf auf den Boden.
- Wir halten die Schnur schulterbreit hoch und ziehen gemeinsam kräftig auseinander.
- Wir halten die Schnur im Hocksitz vor dem Körper und hocken mit den Füßen über die

Abb. 57

Schnur vor und zurück.
- Die Schnur hochführen und gleichzeitig beide Knie an den Bauch ziehen und strecken.
- Im Kniestand fasst eine Hand die Schnur, den freien Arm führen wir weit zurück und berühren dabei den Boden.
-

Übungsformen in Kreisform (im Stehen)

- Wir halten die Schnur hoch über den Kopf. Rumpfbeugen vorwärts (Beine bleiben gestreckt).
- Aus der Hochhalte, Rumpfbeugen seitwärts.
- Wir halten die Zauberschnur über dem Kopf und gehen gemeinsam in die tiefe Hocke.
- Aus derselben Position setzen wir uns gemeinsam und stehen wieder auf.
- Mit beiden Händen hüfthoch das Seil erfassen, ein- und aussteigen.
- Wir winden uns durch.
- Wer kann hinein- und hinausspringen?
- Wir halten die Schnur über dem Kopf und rollen mit den Füßen von der Ferse bis an die Zehen wiederholt ab.
- Aus der Seitgrätschstellung beugen wir den Oberkörper weit nach rechts und links.
- Gruppe 1 hält die Schnur hoch, Gruppe 2 versucht, die angehobene Schnur wie die Fußballer beim Kopfball zu berühren bzw. durch Klatschen beider Hände oberhalb der Schnur hochzuspringen.
- Partner A hält die Schnur brusthoch, Partner B läuft im Slalom um Partner A im Kreis.
- Alle Kinder halten die Zauberschnur kniehoch, treten zwischen den Händen auf die Schnur und ziehen die Schnur seithoch zur Hüfte. Wir versuchen, im Kreis weiterzugehen.

Übungsformen in der Bauchlage

- Die Zauberschnur auf dem Bauch nach oben strecken und zehn Sekunden festhalten.
- Dieselbe Übung und den Körper nach rechts und links verwringen.
- Wir liegen auf dem Bauch und führen eine Bauchschaukel aus.
- Die Schnur mit einer Hand weit vor dem Kopf halten.

Gruppenarbeit

Organisationsform:
a) Zwei Partner halten die Schnur,
b) mehrere halten die Schnüre zu einer Gasse,
c) an zwei Bänken quer befestigen,
d) an mehreren Bänken als Gasse befestigen.

- Pferdchensprünge über die Schnüre.
- Wir führen Hock- und Schersprünge aus.
- Wir überspringen die Zauberschnur in Zweier- bzw. Dreiergruppen von links nach rechts im Strom.
- Sprünge mit Drehung (Drehung zur offenen Seite).
- Schlusssprünge über die Seile.
- Wir krabbeln auf allen vieren unter die Schnüre.
- Wir überspringen die erste Schnur, krabbeln unter die zweite usw.
- Strecksprung vor der Schnur und sofortiges Durchkriechen.
- Wir führen eine Hockwende aus.

- Wir ziehen uns in Bauchlage unten durch **(Abb. 58)**.
- Wir legen uns auf den Rücken und schieben uns rücklings unter die Zauberschnüre („U-Boot").
- Wir rollen uns seitwärts (Wälzrolle) unter die Schnüre.
- Zwei Partner legen sich gegenüber, fassen sich mit beiden Händen an und turnen gemeinsam die Wälzrolle.
- Zwei Kinder halten die Schnur zu einem Graben. Die anderen Teilnehmer überspringen die „Gräben".
- Wir gehen unter dem Seil entlang als „Straßenbahn". Der Rücken berührt die Zauberschnur als „Stromabnehmer".

Übungsbeispiele am Schwungseil

- Die Zauberschnur wird von zwei Teilnehmern kreisförmig geschlagen bzw. an der Sprossenwand befestigt.
- Jeder versucht, durch die schwingende Schnur zu laufen.
- Wir versuchen, paarweise zu laufen.
- Drei bis fünf Mädchen oder Jungen versuchen, gleichzeitig durchzulaufen.
- Jedes Kind läuft einzeln durch; bei jedem Durchschlag das nächste.
- Welcher Gruppe gelingt es, nach der Anlaufrichtung hin das Seil zu überspringen?
- Zwei Kinder laufen links, zwei laufen rechts durch und der mittlere überspringt die Schnur. Wir laufen durch die Zauberschnur, machen eine halbe Drehung und laufen zurück.
- Einspringen und viermal Hüpfen am Ort, auslaufen.
- Paarspringen (Steigern der Geschicklichkeit in der Anpassung an den Partner).
- Einspringen und die Hände auf die Schulter des Partners legen, bei viermal einer halben Drehung links auslaufen.

Abb. 58

Reifen

Material: Farbige Gymnastikreifen (Kunststoffausführung).

Schon im Vorschulalter zeigen Kinder große Fantasie, wenn sie z. B. Gegenstände ihrer Umwelt in ihre Spielaktionen einbeziehen. Da sie in diesem Alter aber noch motorische Defizite aufweisen, benötigen sie bei ihrer Bewegungsentwicklung vielseitige, differenzierte Bewegungsreize.

Laufen und Springen

- Die Reifen liegen verstreut auf dem Boden in der Turnhalle.
- Wir laufen in freier Form um die Reifen.
- Wir laufen im Slalom um die Reifen.
- Wir überspringen die Reifen.
- Auf Zuruf sucht sich jedes Kind einen Reifen und stellt sich hinein („hier wohnen wir").
- Wir umlaufen das „Haus".
- Alle hüpfen um das „Haus".
- Wir hüpfen auf einem Bein hinein und hinaus.
- Die Kinder hüpfen im Schlusssprung hinein und hinaus (vorwärts und rückwärts).
- „Wedelsprünge".
- Wir springen als Uhrzeiger in den Kreis. Vom Mittelpunkt auf „9 Uhr", „3 Uhr", „12 Uhr", „6 Uhr" usw. immer mit leichtem Federn.
- Die Hände greifen in die Mitte des Reifens, wir turnen mehrere Hockwenden.
- Wir greifen den Reifen mit drei Fingern und kippen den Reifen hin und her. Dabei behält der Reifen immer Bodenkontakt. Wir lassen ihn austanzen und springen dabei immer in den Reifen hinein und aus dem Reifen heraus. Wer schafft die meisten Sprünge **(Abb. 59)**?

Reifenreihe

- Wir legen die Reifen in Reihe aus (5 bis 6 Reifen), Abstand kindgemäß.
- Wir umlaufen die Reifenreihe vor- und rückwärts.
- Wir laufen im Slalom um die Reifen und berühren dabei die Kreismitte.

Abb. 59

- Wir hüpfen von Reifen zu Reifen.
- Wir hüpfen auf einem Bein von Reifen zu Reifen.
- Wir halten den Reifen mit einer Hand und winden uns durch.
- Alle Schüler sitzen im Schneidersitz, halten den Reifen über den Kopf und drehen den Reifen bzw. den Oberkörper **(Abb. 60)**.
- Wir fahren Karussell; abwechselnd mit gestreckten und gehockten Beinen.
- Alle Kinder halten den Reifen senkrecht vor sich und bewegen sich durch die Halle. Wir fahren im „Auto" und der Leiter ist der „Verkehrspolizist".
- Wir springen durch den Reifen wie beim Tauspringen.

Partnerübungen

- Zwei Partner fassen einen Reifen und laufen durch die Halle.
- Wir spielen „Pferd und Wagen", der eine Schüler steht im Reifen, der zweite spielt den „Kutscher" und lässt sich ziehen.
- Partner A kniet sich hin und hält den Reifen waagrecht. Partner B springt in den Reifen etc.
- 5 bis 6 Partner halten ihren Reifen senkrecht zum Tunnel, die anderen Teilnehmer gehen, hüpfen und schreiten durch den Tunnel.
- Die Partner halten die Reifen waagrecht. Wir hüpfen und springen in der Reifenreihe.

Hula-Hopp

- Alle Teilnehmer versuchen, den Reifen um die Hüfte kreisen zu lassen.
- Dieselbe Übung mit mehreren Reifen.
- Wir bauen eine Erdkugel. Ein Partner versucht, in das Erdinnere zu steigen, ohne dass die Kugel zerstört wird **(Abb. 61)**.
- Mit einer kleinen Turnmatte und 3 bis 4 Reifen bauen wir uns eine „Schiffschaukel" und bewegen uns hin und her **(Abb. 62)**.

Geschicklichkeit am rollenden Reifen

- Wir versuchen, den senkrecht stehenden Reifen fortzurollen.
- Wir lenken den rollenden Reifen mit einem Finger.
- Mit Schwung wird der Reifen fortgerollt. Wir versuchen, den Reifen zu überholen, zu umlaufen bzw. danach wieder weiterzurollen.

Abb. 60

- Die Kinder rollen den Reifen fort und versuchen, durch den rollenden Reifen hindurchzuschlüpfen.
  Alle Teilnehmer drehen (zwirbeln) den senkrecht stehenden Reifen und versuchen durch wechseln zum nächsten dabei alle Reifen im Drehzustand zu erhalten.
- Reifenspringen: Alle Reifen werden in der Halle verteilt. Die Kinder springen mit einem Reifen (Tauspringen) von Reifen zu Reifen.

Spiele

- „Bäumchen Wechsel dich“: Jedes Kind steht im liegenden Reifen. Ein Mitspieler ohne Reifen ist der Spielleiter. Er ruft: „Bäumchen Wechsel dich!“ Alle Teilnehmer suchen einen neuen Reifen. Der Spielleiter wechselt auch mit. Derjenige, der ohne Reifen übrig bleibt, ist der neue Spielleiter.
- „Sturmflut“: Alle Reifen liegen in der Halle verteilt. Die Kinder bewegen sich nach Musik und versuchen nach Musikunterbrechung eine rettende Insel zu erreichen. Die Lehrkraft nimmt nach jeder Unterbrechung einen Reifen fort. Immer mehr Schüler müssen sich auf einer Insel retten. Wie viele Kinder können sich auf einer Insel retten? Keiner scheidet aus!
- Fangspiel: 2 Reifen liegen an der Stirnseite. Ein Kind spielt den Fänger. Das abgeschlagene Kind geht in den 1. Reifen. Wird ein 2. Kind berührt, geht es in den ersten Reifen und Nummer 1 in den 2. Reifen. Wird das dritte Kind berührt, spielt das erste Kind wieder mit und es erfolgt wieder ein Reifenwechsel.

Abb. 61

Abb. 62

Medizinball

Material: Medizinbälle aus Gummi (WV-Bälle) mit Spezialventil bzw. Bälle aus Leder. 800 g für die Elementarstufe (auch Weichschaumbälle) 1000 bis 1500 g für die Primarstufe.

Der Schwerpunkt beim Üben und Spielen mit dem Medizinball liegt in der Konditionsschulung, bei der neben der Entwicklung der Gewandtheit besonders die allgemeine Ausdauer gefördert werden soll.

Erwärmung

Die Medizinbälle liegen auf einem Ringtennisring in der ganzen Halle verteilt.

Gruppenarbeit

- Wir laufen außen um die Medizinbälle herum.
- Wir umlaufen die Bälle im Hopserlauf (Lehrer unterstützt den Rhythmus durch Klatschen).
- Die Medizinbälle werden im Seitgalopp umlaufen.
- Wir überspringen alle Bälle.
- Beim Umlaufen berühren alle Teilnehmer die Bälle mit einer Hand. Wir legen die Medizinbälle in mehreren Reihen auf einen Tennisring:
- Die Schüler umlaufen alle Bälle im Slalom.
- Je nach Sprungvermögen überspringen wir alle Bälle.
- Abwechselnd die Reihe mit dem linken und rechten Bein umhinken.
- Wir überspringen die Ballreihe im Pferdchensprung.
- Wir springen mit geschlossenen Beinen (Schlusssprung) über die Ballreihe.
- Wir springen im Schlusssprung über die Bälle und setzen uns nach jedem Sprung kurz auf den Ball.

Einzelarbeit

Allgemeine Kräftigung der Muskulatur.

- Wir springen im Schlusssprung um den Ball herum.
- „Wedelsprünge“ über den Medizinball mit

Abb. 63

und ohne Zwischensprung.
- Kriechen oder Krabbeln auf allen vieren, dabei den Medizinball mit dem Kopf vorwärts rollen **(Abb. 63)**.
- Wir stellen uns auf den Medizinball und halten das Gleichgewicht (ein Mitschüler gibt eventuell Hilfestellung).
- Wir stehen mit geschlossenen Beinen und schwingen aus der Hochhalte den Medizinball schwungvoll seitwärts durch die tiefe Hocke.
- Im Grätschstand rollen wir den Ball in Achterkreisen um den Körper.
- Im Stand werfen wir den Medizinball mit beiden Händen hoch und fangen ihn.
- Wir halten den Medizinball im Nacken, senken uns in die tiefe Hockstellung und richten uns wieder auf.
- Wir halten den Ball weit vor den Körper und führen ein Rumpfkreisen aus.
- Wir legen den Medizinball auf die gestreckten Beine und lassen den Ball durch Heben und Senken der Beine rollen.
- Wir lassen den Medizinball mit den Fingerspitzen um die gestreckten Beine rollen.
- Wir halten den Ball mit den Füßen, anhocken und 10 Sekunden halten.
- Wir halten den Ball mit gestreckten Armen über den Kopf, rücklegen und aufrichten, dabei bleiben die Beine angehockt.
- Wir legen den Ball aus der Hochhalte vorn auf die Füße.
- Wir halten den Ball über den Kopf, Arme beugen und strecken.
- Im Liegestütz rücklings stützen wir uns mit den Oberschenkeln auf den Ball und schieben den Körper bis zum Gesäß vor und zurück **(Abb. 64)**.
- Im Liegestütz vorlings legen wir die Hüften auf den Medizinball und laufen mit den Händen vor- und rückwärts. Spannung halten!
- In der Bauchlage versuchen wir, den Medizinball in die Hochhalte zu bringen, in dem alle die Oberarme fest an die Ohren pressen.
- In der Bauchlage legen wir die Hände mit gestreckten Armen neben den Ball und heben die Hände über den Medizinball in dem wir die Oberarme fest an die Ohren drücken.
- In der Bauchlage mit Blick auf den Boden

Abb. 64

schwingen wir den Medizinball mit gestreckten Armen hin und her.

•

Partnerübungen:

- Zwei Partner sitzen sich gegenüber und reichen sich den Medizinball abwechselnd zu.
- Wir wiederholen die Übung, aber nach der Ballübergabe legen sich beide Partner mit angehockten Beinen auf den Rücken und übergeben danach den Ball.
- Der Medizinball wird im aufrechten Sitz um die eigenen Beine gerollt und danach übergeben. Der Partner führt dann die Übung aus.
- Mit gehockten Beinen hält der eine Partner den Medizinball. Der andere Partner sitzt ihm gegenüber. Beide Partner versuchen, mit gestreckten Beinen zu kreisen („Mondumkreisung“).

Kleine Spiele

- „Tunnelball“: Zwei Gruppen bilden je zwei gleich starke Reihen im Abstand von 1 bis 2 m hintereinander. Auf ein Zeichen gibt der Vordermann den Medizinball über den Kopf nach hinten. Der letzte Partner läuft mit dem Ball vor **(Abb. 65)**.
  - Die gleiche Form durch die gegrätschten Beine.
  - Im nächsten Spiel wird der Ball seitwärts weitergegeben.
  - Alle Teilnehmer liegen dicht nebeneinander in der Bauchlage. Der erste Partner hebt die Hüfte und rollt den Ball weiter durch den Tunnel. Der letzte Partner eilt vor usw.
- „Rollball“: Wir bilden Dreiergruppen. Im Volleyballspielfeld versuchen die Partner einer Mannschaft, sich den Medizinball im Rollen zuzuspielen. Die andere Mannschaft versucht, ihnen den Ball abzunehmen. Ein Punkt ist gewonnen, wenn der Ball von einer Mannschaft auf die Grundlinie gelegt wird.
- „Ziehball“: Zwei Partner ziehen sich gegenseitig über den Medizinball, bis ein Partner den Medizinball berührt.

Abb. 65

Japan-Papierball

Material: Bälle aus Seidenpapier mit Loch zum Aufpusten (in 6er- und 10er-Packung erhältlich).

Der Japan-Papierball besteht aus farbigem Seidenpapier mit einem Loch zum Aufpusten und hat einen Durchmesser von ca. 12 cm. Der Japan-Papierball ist durch seine Eigenschaft des Schwebens und seine verlangsamte Fluggeschwindigkeit für Anpassungsübungen im Vor- und Grundschulalter sinnvoll einsetzbar.
Der langsam fliegende Papierball lässt dem Kind viel Zeit für die Koordination von Auge zu Hand und führt zu einer Verbesserung der Spielfähigkeit mit Bällen. Das Vertrauen zum Ball, einem wichtigen Gerät für Übungen zur Koordinationsschulung, kann damit schon frühzeitig aufgebaut werden. Das Tragen des Japan-Papierballes in Kombination mit Handgeräten auf schmaler oder rollender Stützfläche schult zudem die dynamische Gleichgewichtsfähigkeit und die Objektbalance. Der Japan-Papierball kann ständig aufgeblasen werden. Aufgrund seines geringen Gewichts können effektive Übungen zur intensiven Atemschulung durchgeführt werden.

Werfen und Fangen

Einzelübungen

- Die Kinder erhalten einen Japan-Papierball und blasen ihn auf.
- Die Schüler bewegen sich frei mit dem Papierball, um sich an das neue Spielgerät zu gewöhnen.
- Wir versuchen, den Papierball mit beiden Händen oder mit der rechten bzw. linken Hand in die Luft zu schlagen und ihn anschließend behutsam zu fangen.
- Wir stoßen den Papierball nach vorgegebenem Rhythmus auf dem Tamburin in die Luft. Ein Schlag: vorsichtig, niedrig werfen; zwei Schläge: kräftig, hoch werfen.
- Wir schlagen den Papierball abwechselnd mit den Händen hoch und versuchen, ihn ständig in der Luft zu halten.
- Wir treiben ihn quer durch die Halle.
- Wir versuchen, schnell unter ihm hindurch zu laufen, um ihn anschließend erneut hochzustoßen.
- Die Schüler drehen sich nach jedem Wurf in die Luft schnell um sich selbst.
- Wir versuchen, dabei in den Knie- oder Hockstand bzw. in die Bauch- oder Rückenlage zu gelangen und anschließend wieder aufzustehen.
- Wir überwinden dabei Hindernisse: Steigen über Hütchen, Kastenoberteile; Klettern auf kleine Kästen; Balancieren auf Hallenbodenstrichen oder Langbänken.
- Die Kinder versuchen, den Papierball mit dem Handrücken oder mit der Handinnenfläche am Platz oder in der Bewegung hochzuschlagen.
- Wir tippen den Papierball mit der Faust, mit dem Zeigefinger oder mit dem Daumen in die Luft.
- Wir versuchen, den Papierball mit verschiedenen Körperteilen einzeln oder kombiniert am Platz bzw. in der Bewegung zu spielen: Kopf, Stirn, Hand, Finger, Unterarm, Ellenbogen, Schulter, Knie, Fußspann oder Ferse.
- Wir befinden uns in Sitzlage, stützen uns mit den Händen ab und versuchen, den Papierball mit den Füßen ein- oder wechselseitig in die Luft zu tippen.
- Die Kinder liegen auf dem Rücken und werfen den Papierball abwechselnd mit den Händen oder mit den Füßen hoch.
- Wir versuchen, den Papierball mit verschiedenen Handgeräten in die Luft zu schlagen (z. B. mit Holz- oder Plastikschlägern, mit dem Staffelholz, mit dem Gymnastikstab oder Heulschlauch): „Welcher Ball fliegt am höchsten?".
- Zwei Partner werfen mit einem Seidentuch den Japanball in die Höhe und fangen ihn wieder auf.

Partnerübungen

- Die Schüler spielen sich den Papierball

gegenseitig im Stand, in der Hocke oder im Sitzen mit den Händen zu. Ein Partner wirft den Papierball mit der Hand oder mit dem Fuß hoch, der andere Spieler soll versuchen, ihn zu fangen oder erneut in die Luft zu werfen.
- Ein Kind sitzt auf einem kleinen Kasten und versucht, dem stehenden Partner den Papierball mit dem Kopf zuzuspielen. Der Papierball wird mit den Händen zurückgespielt.
- Zwei Spieler geben sich die Hand, gehen vorwärts und versuchen dabei, einen Papierball in der Luft zu halten.
- Zwei Schüler spielen sich den Papierball gegenseitig mit Hilfe eines Schlägers im Stand oder im Sitzen zu.
- Zwei Kinder werfen den Papierball durch einen an Tauen befestigten Reifen.

Gruppenübungen
- „Papierballjagd“: Die Schüler versuchen, zu zweit oder zu dritt je einen Papierball von einer Seite zur anderen Seite der Spielfläche zu treiben. Ob der Papierball mit der Hand, mit dem Kopf oder mit dem Fuß gespielt werden soll, wird vorher vereinbart.
- „Wirrwarr“: Drei bis vier Spieler versuchen, gleichzeitig vier bis sechs Papierbälle stets in der Luft zu halten. Dabei dürfen die Papierbälle mit verschiedenen Körperteilen hochgeschlagen werden.
- „Schnappball“: Jeder Teilnehmer hat einen Papierball, den er in die Luft wirft. Die Spieler sollen nun versuchen, sich gegenseitig die Papierbälle mit den Händen wegzuschlagen. Die Papierbälle dürfen dabei keinen Bodenkontakt erhalten.
- „Schlagball“: Zwei Gruppen stehen sich auf einer Linie in geringem Abstand gegenüber. Sie versuchen nun, gegenseitig einen Papierball hinter die gegenüberliegende Linie zu schlagen. Gelingt ihnen dies, dürfen sie mit dem nächsten Aufschlag beginnen.
- „Papierballschlacht“: Zwei Mannschaften stehen sich in zwei durch eine Mittellinie begrenzten Spielfeldflächen gegenüber. Jeder Schüler hat einen Papierball. Auf Signal werfen die Spieler ihren Papierball in das gegnerische Feld. Jeder ankommende Papierball muss schnell über die Mittellinie geschlagen werden. Das Ziel des Spiels ist es, sowenig Papierbälle wie möglich im eigenen Feld vorzuweisen. Auf Pfiff darf kein Papierball mehr berührt werden. Anschließend wird die Anzahl der Papierbälle in jedem Spielfeld festgestellt. Die Gruppe, die am wenigsten Papierbälle vorzuweisen hat, ist Sieger. Variation: Die Spieler sitzen sich im Krebsgang gegenüber und sollen die Papierbälle mit beiden Füßen ins gegnerische Feld stoßen.

Pusten

Einzel- und Partnerübungen
- Wir blasen den Papierball kräftig auf und pusten ihn in verschiedene Richtungen.
- Die Schüler krabbeln auf allen Vieren und pusten den Papierball beliebig vor sich her.
- Dasselbe; der Lehrer zeigt auf bestimmte Gegenstände im Raum, zu denen die Papierbälle geblasen werden sollen. „Welcher Papierball liegt zuerst neben dem Tor?“
- Die Kinder versuchen, ihren Papierball um die Wette zu einer Linie zu blasen, ohne ihm zu folgen.
- Zwei Schüler liegen sich partnerweise gegenüber und pusten sich den Papierball in einem Abstand von ca. 1 m hin und her **(Abb. 66)**.

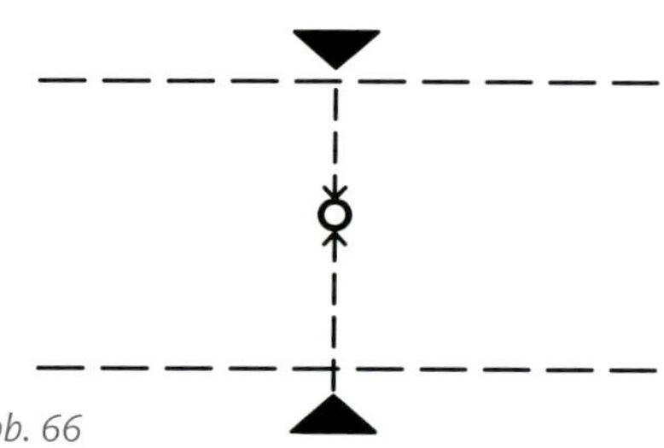

Abb. 66

- „Pusten und Wegköpfeln“: Die Schüler pusten den Ball bäuchlings vorwärts. Anschließend ziehen sie sich mit Armeinsatz zu dem Ball und versuchen ihn wieder weit nach vorn mit dem Kopf wegzustoßen. Pusten und Wegköpfeln im Wechsel ***(Abb. 67)***

Gruppenübungen

- „Papierballreise“: Die Schüler liegen auf dem Bauch in Kreisaufstellung und pusten sich einen Papierball zu. Derjenige, der den Papierball zu einem bestimmten Kind bläst, sagt: „Mein Papierball reist zu Anna!“ Nachdem dieser Mitspieler den Papierball erhalten hat, wählt er sich eine andere Person aus und schickt den Papierball erneut auf die Reise.

Variation: Kinder, die sich noch nicht kennen, können sich durch dieses Spiel gegenseitig bekannt machen. Der Lehrer beginnt, nennt seinen Namen und pustet den Papierball irgendeinem Schüler zu. Nachdem dieser den Papierball erhalten hat, sagt er: „Ich heiße Max, und wie heißt du?“ In diesem Moment bläst er einem bestimmten Kind erneut den Papierball zu etc. Der Papierball kann dabei in einer bestimmten Reihenfolge, z. B. von einem Nachbarn zum anderen, im oder gegen den Uhrzeigersinn gepustet werden.

- „Korbball“: Je eine Dreiergruppe hat einen oder mehrere Papierbälle, die durch kräftiges Pusten von einer Linie in ein aufgezeichnetes Quadrat („Korb“) getrieben werden sollen. Die Kinder dürfen in Bauchlage mit den Händen auf dem Rücken hinter dem Papierball herrutschen.
- „Torball“: Die Schüler liegen sich partnerweise in einer Vierer- oder Sechsergruppe auf dem Bauch an einer Linie zwischen zwei Toren (Hütchen) gegenüber. In der Mitte liegt ein Papierball, der von der jeweiligen Mannschaft in das Gegentor geblasen werden soll. Die Arme der Spieler müssen auf den Rücken genommen werden. Ein Kind steht außerhalb des Spielfeldes und übernimmt die Schiedsrichterfunktion. Wird der Papierball ins „Aus“ geblasen, wird der Papierball in die Mitte des Spielfeldes gelegt.

*Variation: Es können auch zwei Torhüter eingesetzt werden **(Abb. 68)**.*

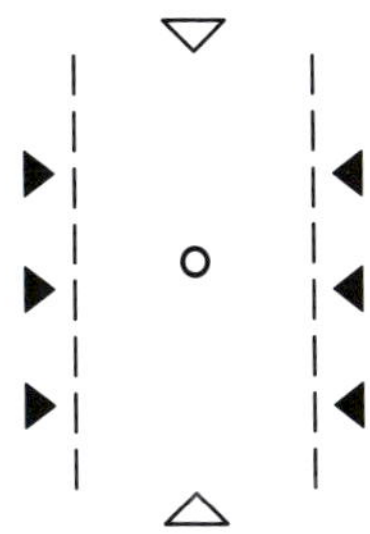

Abb. 68

Rollen

Einzelübungen

- Wir versuchen, den Papierball in Bauchlage „wegzuköpfen“ und krabbeln anschließend hinterher.
- Wir rollen den Papierball mit der Hand oder mit dem Fuß vorwärts.

Abb. 67

- Wir versuchen dabei, nicht von einer Linie abzukommen.
- Wir rollen den Papierball um Hindernisse (Reifen, Kästchen, Hütchen).
- Wir rollen den Papierball mit einem Reifen oder in der „Bucht" eines Seils vorwärts **(Abb. 69)**.
- Wir lassen den Papierball im Sitz neben uns am Boden rollen.
- Wir versuchen, den Papierball im Hock- oder Strecksitz um den Körper bzw. unter den Knien der angewinkelten Beine hindurchzurollen.
- Wir führen den Papierball mit einem Gymnastikstab im Raum herum und rollen ihn um bzw. unter Hindernisse oder auf Linien. Der Papierball muss dabei immer am Stab bleiben.

Gruppenübungen

- „Rollball": Die Schüler stehen mit gegrätschten Beinen dicht hintereinander. Das letzte Kind hat einen Papierball und rollt ihn auf Signal mit der linken oder rechten Hand durch die gegrätschten Beine zum ersten Kind. Dieses nimmt den Papierball auf, läuft an das Ende und rollt ihn erneut durch den „Tunnel".
- „Sechstagerollen": Je sechs Gruppen sitzen in einer Runde hinter einer Markierung. Jede Mannschaft hat die Aufgabe, den Papierball eine Runde mit dem Gymnastikstab oder mit einem Hockeyschläger behutsam zu führen. Anschließend wird der Papierball dann an den Partner übergeben. Der Ball darf nicht geschlagen werden!

Gleichgewicht

- Wir halten den Papierball auf der ausgestreckten Hand und versuchen dabei, auf einem Tau, einer Linie, einer umgedrehten Langbank oder einer „rollenden" Langbank zu balancieren. Je ein Kind sitzt vor den Bankenden und schiebt die Bank gleichmäßig hin und her **(Abb. 70 und 71)**.
- Wir versuchen, den Papierball in der Hand zu halten, ohne zuzufassen.
- Wir balancieren den Papierball im Stand auf dem Handrücken, auf dem Zeigefinger oder auf dem Unterarm.

Abb. 69

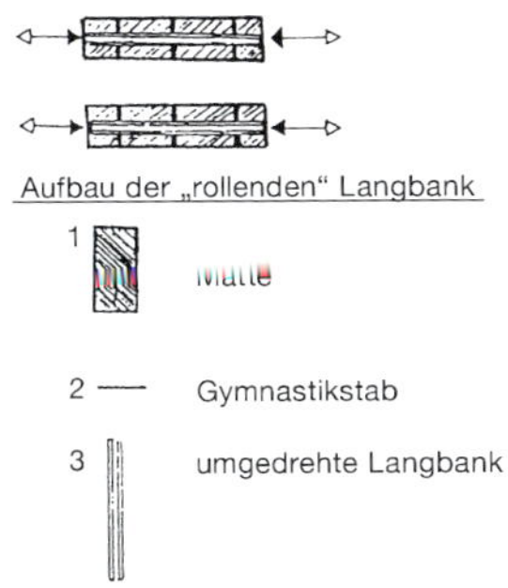

Abb. 70

- Wir versuchen dabei, vor- oder rückwärts zu gehen, ohne den Papierball herunterfallen zu lassen.
- Wir versuchen dabei, in die Hocke zu gehen oder in die Bauchlage zu kommen.
- Wir stehen dabei wie ein „Storch“ auf einem Bein.
- Die Schüler versuchen, zwei aufeinander liegende Papierbälle auf der Handinnenfläche im Gleichgewicht zu halten.
- Die Kinder befinden sich im Einbeinstand und versuchen, den Papierball hoch zu werfen und zu fangen.
- Die Kinder versuchen, den Papierball über zwei als Wippe aufeinander liegende Langbänke zu balancieren.
- Wir versuchen, den Papierball auf verschiedenen Handgeräten in der Balance zu halten; z. B. auf einem waagerecht gehaltenen Holz- oder Plastikschläger, auf einem Balltragestab, auf einer senkrecht gehaltenen Toilettenrolle.
- Wir versuchen, dabei vor- oder rückwärts zu gehen.
- Wir balancieren dabei auf einer schmalen Stützfläche (Linie, umgedrehte Bank).
- Wir versuchen, uns dabei hinzuknien, hinzusetzen oder hinzulegen.
- Wir versuchen, dabei den Papierball in die Luft zu werfen und ihn auf den unterschiedlichen Standflächen wieder zu fangen.
- „Papierballtransportstaffel“: Jedes Kind soll seinen Papierball auf den o.a. Handgeräten zu einem umgedrehten Kasten bringen und dort hinein legen. Der Ball darf dabei nicht den Boden berühren. Fällt der Papierball herunter, muss das Kind erneut von der Ausgangslinie starten.

Abb. 71

Bohnensäckchen

Material: Kleine Säckchen 10 x 7 cm, gefüllt mit Bohnen, Reis oder Erbsen; in den Farben rot, blau, gelb oder grün (eventuell selbst herstellen).

Durch abwechslungsreiche Bewegungsaufgaben mit dem Bohnensäckchen wollen wir schwerpunktmäßig sensomotorische Grundfähigkeiten wie Raumorientierung, Gleichgewichtsschulung, Richtungsänderung und Koordination sowie Formen der Geschicklichkeit schulen.

Erwärmung

Alle Bohnensäckchen werden gleichmäßig in der Turnhalle verteilt.

- Wir gehen, laufen, hüpfen und springen um die Bohnensäckchen.
- Die Teilnehmer gehen und laufen vorwärts, sie berühren dabei die Säckchen mit den Händen.
- Wir überspringen alle Bohnensäckchen.
- Wir gehen auf Händen und Füßen (im Vierfüßlergang) um die Bohnensäckchen.
- Wir balancieren das Bohnensäckchen auf dem Kopf und gehen vorwärts und rückwärts.
- Die Kinder gehen im Ballenstand und tragen das Bohnensäckchen auf dem Kopf.
- Die gleiche Übung; wir gehen aber auf den Markierungslinien der Halle.
- Alle Teilnehmer gehen durch die Halle und halten das Bohnensäckchen mit gestreckten Armen über dem Kopf.
- Wir legen das Bohnensäckchen auf den Kopf, gehen in die tiefe Hocke, setzen uns auf den Hallenboden und stehen wieder auf.
- Wir legen das Bohnensäckchen auf die Schulter und gehen aufrecht durch die Halle. Die Kinder werfen das Bohnensäckchen flach (kegeln) über den Boden und laufen hinterher. Wir klammern das Bohnensäckchen zwischen die Knie und hüpfen vorwärts.
- Wir sitzen auf dem Hallenboden, klemmen das Bohnensäckchen zwischen die Füße, heben und senken es im Wechsel.

Abb. 72

- Partner gehen, hüpfen, krabbeln usw. um den Reifen. Im Reifen liegt ein Bohnensäckchen. Auf Musikstopp versuchen die Kinder das Säckchen zu greifen.

Übungen

Strecksitz:

- Wir sitzen auf dem Hallenboden, legen das Bohnensäckchen neben die angehockten Beine und heben beide Füße über das Säckchen hin und her.
- Das Säckchen wird zwischen beide Füße geklemmt, weit hinter den Kopf abgelegt und wieder mit in die Ausgangsstellung genommen.
- Das Bohnensäckchen wird mit den Füßen festgehalten und mit den angehockten Beinen Karussell gedreht **(Abb. 72)**.
- Im Grätschsitz legen wir das Säckchen zwischen die Beine und versuchen, mit der Nase das Bohnensäckchen zu berühren.

Im Fersensitz:

- Im Fersensitz das Bohnensäckchen hochwerfen und wieder fangen.
- Aus dem Kniestand das Bohnensäckchen soweit wie möglich nach hinten legen und mit der anderen Hand zurückholen **(Abb. 73)**
- Die gleiche Übung, aber wechselseitig das Säckchen zurückholen.

Im Stand:

- Das Bohnensäckchen mit gestreckten Armen hochwerfen und fangen.
- Die gleiche Übung, aber nach dem Hochwerfen 2 bis 3 Mal in die Hände klatschen.
- Wir stehen im Grätschstand, Achterkreisen mit dem Säckchen.
- Alle Kinder legen das Bohnensäckchen auf einen Fuß und hüpfen auf einem Bein.
- Die gleiche Übung; das Bohnensäckchen mit dem Fuß hochwerfen und wieder auffangen.
- Der Übungsleiter hält einen Reifen und alle Kinder werfen das Säckchen hindurch.
- Alle Teilnehmer sind barfuss; sie heben das Bohnensäckchen mit den Zehen auf und übergeben es in die eigene Hand.
- Wir halten das Säckchen mit den Zehen

Abb. 73

festhalten und bewgen uns hüpfend fort.
- Das Bohnensäckchen mit den Zehen festhalten und nach vorn schleudern.
- Bankstellung: Wir legen das Säckchen auf unseren Rücken und bewegen uns im Vierfüßlergang vorwärts.
- Zwei Teilnehmer stehen sich gegenüber und werfen sich die Säckchen zu.
- Die Kinder werfen sich die Säckchen durch die gegrätschten Beine zu.

In Bauchlage:
- Wir werfen das Bohnensäckchen fort und rutschen auf dem Bauch hinterher.
- Wir liegen auf dem Bauch, legen das Säckchen weit vor dem Körper ab und schwingen mit beiden Händen (Arme gestreckt) über das Bohnensäckchen.
- In der Bauchlage das Säckchen weit vor dem Körper halten.
- In der Bauchlage heben wir mit einem gestreckten Arm den Körper an und halten mit der anderen Hand das Bohnensäckchen hoch.

In der Rückenlage:
- In der Rückenlage legen wir das Säckchen auf den Brustkorb und atmen tief ein und aus.
- Wir winkeln die Beine an, heben das Becken an und geben uns das Säckchen unter dem Körper durch.
- Wir klemmen das Bohnensäckchen zwischen die Füße und schleudern es aus der Rückenlage weit über den Körper nach hinten.
- Aus dem Stütz rücklings heben wir Bauch und Brust an („Tunnel"). Ein Partner wirft das Säckchen durch den „Tunnel", kriecht unten durch und holt das Bohnensäckchen wieder.

Gleichgewichtsschulung mit Bank oder Schwebebalken

- Wir balancieren über das Gerät und halten das Bohnensäckchen mit gestreckten Armen über den Kopf.
- Zwei Bohnensäckchen werden aufrecht mit seitwärts ausgestreckten Armen über das Gerät getragen.
- Dieselbe Übung rückwärts.
- Die Teilnehmer halten das Säckchen über den Kopf, balancieren über das Gerät und gehen in die tiefe Hocke **(Abb. 74)**.

Abb. 74

Heulschlauch

Material: Heulschlauch (Schleuderhorn) aus Kunststoff, gerippt, knallbunte Farben.

Der Heulschlauch ist ein gerippter, hohler Plastikschlauch, mit dem man durch Luftschwingungen Geräusche in unterschiedlicher Tonhöhe, Lautstärke und Klangdauer erzeugen kann. Die Variationsbreite der Geräusche entsteht nicht nur durch Drehbewegungen aus der Schulter bzw. dem Handgelenk in unterschiedlichem Tempo, sondern auch durch den Einsatz von Sprech- und Singstimme in vielfältiger Weise. Eine Differenzierung weiterer Geräusche ergibt sich durch verschiedene Bewegungsformen mit dem Heulschlauch auf dem Boden oder in der Luft und in Verbindung mit eingefülltem Kleinmaterial unterschiedlicher Größe und Menge. Da die bewusste Sinneswahrnehmung im Rahmen der allgemeinen Koordinationsschulung für Kinder im Vor- und Grundschulalter von großer Bedeutung ist, können die vielfältigen Übungsformen zur akustischen Wahrnehmung sinnvoll in Entspannungsphasen des Unterrichts eingesetzt werden. Neue Formen wie Schlange, Ring, Bogen und Kreis entstehen durch das Zusammenlegen einzelner Teile in Verbindung mit dem Heulschlauch. Diese spielerische Übungsmöglichkeiten zur visuellen Wahrnehmung regen nicht nur die Kreativität bei Kindern an, sondern leisten auch einen notwendigen Beitrag zur Bewegungs- und Haltungserziehung.

Fortbewegung (Erwärmung)

- Heulschläuche liegen beliebig verteilt in der Halle. Wir gehen, laufen, federn, hüpfen und hinken vor- oder rückwärts um die Heulschläuche herum.
- Heulschläuche liegen in regelmäßigen Abständen hintereinander, die Kinder bewegen sich im Slalom um die Geräte.
- Wir hüpfen im Schlusssprung bzw. auf dem linken oder rechten Fuß über den Heulschlauch.
- Wir sitzen im Kniestand in bestimmten Abständen auf dem Boden und halten die Schläuche waagerecht in der Hand. Partner springen im Schluss- oder Pferdchensprung über den Schlauch bzw. kriechen unter dem Schlauch hindurch.
- Wir fassen den Schlauch mit beiden Händen und übersteigen ihn nacheinander mit beiden Füßen vor- und rückwärts.
- Ein Kind schwingt seinen Heulschlauch kreisförmig über den Boden: der Partner versucht, über den Schlauch zu springen.

Lokomotive:

- Je zwei Schüler stehen hintereinander. Der Vordermann hält zwei Heulschläuche am Stabanfang, der Hintermann fasst die Schlauchenden. Die Kinder bewegen die Arme und Beine vor und zurück und versuchen wie eine Lokomotive in der Halle schnaufend umher zu gehen bzw. zu laufen.

- Variation 1: Ein drittes Kind kann sich mit je zwei Heulschläuchen auch noch als Wagon Nr. 2 „anhängen".
- Variation 2 : dito. Der Hintermann steht mit je einem Fuß auf einer umgedrehten Teppichfliese **(Abb. 75)**.

Kräftigung der Arm- und Schultergürtelmuskulatur

- Zwei Schüler fassen einen Heulschlauch an den Enden und versuchen, ihn sich gegenseitig wegzuziehen.
- Wir gehen in den Hockstand, stützen die Hände über den Schlauch auf den Boden und führen mehrere Hockwenden darüber aus.
- Wir drehen den Heulschlauch aus dem Handgelenk; wechseln der Seite.
- Der Heulschlauch wird aus der Schulter gedreht. Die Schüler führen langsame und schnelle Armkreise aus; sie wechseln die Seiten und versuchen, die dominante Seite herauszufinden.
- Wir drehen den Heulschlauch in verschiedenen Ebenen vor dem Körper, über dem Kopf und seitlich neben dem Körper.
- Wir lassen den Heulschlauch in verschiedenen Ebenen vor- und rückwärts pendeln.
- Jeder Schüler erhält zwei Schläuche und versucht, sie aus dem Hand- und Schultergelenk gleichmäßig zu drehen bzw. hin und her zu pendeln.
- Jedes Paar hält einen Schlauch in den Händen; die Kinder versuchen, vor- und rückwärts zu pendeln bzw. zu schwingen und dabei zu gehen.

"Ziehen an einem Strang":

- Zwei Kinder sitzen sich auf je einer umgedrehten Teppichfliese gegenüber und halten einen Heulschlauch in der Hand. Sie ziehen sich gleichzeitig so zueinander, dass sich die Teppichfliesen berühren. Anschließend stoßen sich die Partner wieder mit den Füßen in ihre Ausgangsposition zurück **(Abb. 76)**.

Akustische Wahrnehmungsfähigkeit

Geräuscherzeugung durch Drehbewegungen:

- Die Schüler drehen den Heulschlauch schnell aus der Schulter und aus dem

Abb. 75

Handgelenk vor, neben dem Körper bzw. über dem Kopf und erzeugen hohe Töne.

- Die Kinder führen große Armkreise aus der Schulter bzw. langsame Kreisschwingungen aus dem Handgelenk aus und produzieren tiefe Töne von langer Klangdauer.
- Wir pendeln den Heulschlauch vor bzw. neben dem Körper in unterschiedlichem Tempo hin und her. Dabei entstehen helle und dunkle Töne von kurzer Klangdauer.
- Partner A schwingt auf verschiedene Art und Weise einen bzw. zwei Schläuche. Partner B ahmt die Bewegung nach und versucht, den entsprechenden Ton zu treffen.
- Lehrer bzw. Schüler gibt gleichmäßiges Tempo mit dem Tamburin an, das die Kinder mit den Schwingungen ihrer Heulschläuche aufzunehmen versuchen. Sie sollen dabei einen einheitlichen Ton finden.
- Dasselbe; die Kinder stampfen im Takt dazu mit dem rechten oder linken Fuß.
- Wir gehen in der Halle umher und schwingen dabei unsere Heulschläuche. Wir versuchen, einen gemeinsamen Schwingrhythmus zu finden und diesen zu halten.
- Ein Kind beginnt mit dem Drehen des Heulschlauches, die anderen Schüler nehmen nacheinander dieselbe Drehbewegung auf. Nach einem bestimmten Zeitpunkt beenden sie der Reihe nach ihre Bewegungen, bis alle Töne im Raum verhallt sind.

Geräuscherzeugung durch die Stimme:

- Die Schüler erproben die Möglichkeiten, ihre Stimme auf verschiedene Art und Weise einzusetzen, um unterschiedliche Laute zu erzeugen. Dabei können sie das Schlauchende in die Luft, an ihr eigenes Ohr oder an das Ohr ihres Nachbarn halten. Beim „Telefonieren" ist es notwendig, sich aufgrund der Lautverstärkung stimmlich anzupassen.
- Lehrer gibt Vokale vor. Die Kinder suchen Möglichkeiten, diese leise (flüstern), laut (rufen, schreien), schnell und langsam in ihren Heulschlauch zu sprechen.
- Die Schüler versuchen, die Vokale in hoher, mittlerer und tiefer Tonhöhe laut und leise, lang oder kurz in den Heulschlauch zu singen.
- Lehrer oder Schüler spielt Töne auf Instrument (z. B. Flöte) vor. Die Kinder versuchen, diese durch Singen in den Heulschlauch zu treffen.
- Die Kinder singen ein bekanntes Lied in selbstgewählter Weise in den Schlauch.
- Die Schüler setzen ihre Stimme verschiedenartig ein, indem sie versuchen, Tierstimmen nachzuahmen (trompeten, zwitschern, flöten, piepen, brummen, gackern, wiehern, summen, krähen, blöken, gurren, zischen, klappern, quaken, bellen, miauen, grunzen, fauchen).
- Dasselbe; ein Schüler imitiert ein Tierge-

Abb. 76

räusch, die anderen Kinder ahmen dies nach oder erraten, von welchem Tier das Geräusch stammt.

- Die Schüler bewegen sich zu einem vorgespielten Tierlied und erzeugen dabei die entsprechenden Geräusche mit ihrem Heulschlauch.

"Stille Post":

- Die Schüler bilden im Sitzen einen Kreis, indem sie in jeder Hand das Ende eines Heulschlauches halten.

Das 1. Kind beginnt und spricht deutlich einen Laut oder ein Wort in ein Schlauchende, das 2. Kind hört mit dem einen Ende des Heulschlauches zu und spricht das Wort deutlich in das andere Endstück seines Nachbarn etc. Das letzte Kind muss anschließend sagen, was es wahrgenommen hat.
Anschließend beginnt das 2. Kind ein Wort bzw. einen Laut in den Heulschlauch des 3. Kindes zu sprechen etc. **(Abb. 77)**.

Abb. 77

Geräuscherzeugung durch Kombination verschiedener Objekte:

- Wir füllen den Schlauch mit verschiedenem Kleinmaterial (Murmeln, Steine, Holzstäbe usw.) in unterschiedlicher Größe und Menge. Dabei werden die Schlauchenden mit den Händen oder Verbindungsstücken (z. B. Klammern) verschlossen.
- Wir schütteln den gefüllten Schlauch am Platz oder in der Bewegung auf und nieder bzw. hin und her.
- Wir drehen den gefüllten Schlauch mit den Händen oder am Boden herum.
- Wir rollen den gefüllten Schlauch als Schlangenform in unterschiedlicher Entfernung vor- und rückwärts.
- Die Kinder schwingen den gefüllten Schlauch im Kreis oder pendeln ihn hin und her in unterschiedlichem Tempo.
- Die Kinder schleifen den gefüllten Schlauch mit dem rechten oder linken Fuß über den Boden.
- Wir schlagen ihn in regel- bzw. unregelmäßigem Tempo auf.
- Wir drehen ihn schnell oder langsam auf dem Boden.
- Wir rollen ihn in unterschiedlicher Entfernung hin und her.

Übungen mit geschlossenen oder verbundenen Augen

Bei den folgenden Übungen werden die Kinder in zwei Gruppen und dort paarweise aufgeteilt. Nach jedem Durchgang werden die Aufgaben der Gruppen getauscht.

Gruppe 1 („Tonerzeuger): Je zwei Kinder stehen mit ihren Heulschläuchen an beliebig gewählten Plätzen. Jedes Paar erzeugt ein anderes Geräusch in verschiedener Tonhöhe, Klangdauer und Lautstärke mit dem Heulschlauch (s. o.).

Gruppe 2 („Blinde Zuhörer"): Die jeweiligen Paare sitzen mit verbundenen oder geschlossenen Augen an einem festgelegten Ort in der Halle. Jedes Paar erhält von einem Paar aus Gruppe 1 ein Signal, auf das es reagieren soll. Nach Heraushören ihres Signals reagieren sie mit unterschiedlichen Aktivitäten:

- Sie zeigen in die Richtung, aus der ihr Signal stammt.
- Sie werfen oder rollen einen Softball nach Ertönen ihres Zeichens.
- Sie gehen darauf zu; entweder gemeinsam „blind" oder ein Kind führt den „blinden" Partner.
- Sie bewegen sich kriechend, hüpfend, hinkend auf die Geräuschquelle zu.

Visuelle Wahrnehmungsfähigkeit

Heulschlauchring:

- Wir stecken den Heulschlauch mit einem Verbindungsstück (2,4 cm ø) zu einem Ring zusammen.
- Wir bewegen uns durch die Halle, indem wir den Heulschlauchring als Steuer benutzen.
- Wir werfen uns den Ring mit der Hand oder dem Fuß zu und versuchen, ihn zu fangen.
- Wir bringen den Ring zum Drehen, indem wir ihn um den rechten oder linken Arm kreisen lassen.
- Wir balancieren den Ring auf dem Kopf und versuchen, sich dabei zu bewegen bzw. in den Hock- oder Kniestand zu gelangen.

Heulschlauchbogen:

- Wir stecken zwei Heulschläuche mit zwei Verbindungsstücken (dünne Staffelhölzer) zusammen.
- Wir steigen in den Bogen hinein und hüpfen wie beim Seilspringen vor- und rückwärts.
- Die Bögen liegen in regelmäßigen Abständen hintereinander. Wir laufen, hüpfen, hinken im Slalom um die Bögen herum. Diese Übung kann auch in Staffelform durchgeführt werden.
- Wir balancieren auf den Bögen vor-, rück- und seitwärts.
- Wir versuchen, den Heulschlauchbogen über den Kopf zu drehen, indem sie mit den Händen stets nachgreifen.
- Eine Gruppe stellt ihre Bögen dicht hintereinander auf den Boden. Die andere Gruppe versucht, durch den „Tunnel" hindurch zu kriechen bzw. als „Löwe" durch den „brennenden Bogen" zu springen **(Abb. 78)**.

Abb. 78

Heulschlauchkreis:

- Wir stecken etwa zehn Heulschläuche mit Verbindungsstücken (Gymnastikstäbe, dünne Staffelhölzer) zusammen.
- Wir fassen mit der rechten oder linken Hand den Kreis an und versuchen, dabei gleichmäßig an der Kreislinie außen bzw. innen vor- oder rückwärts zu gehen („Karussell").
  Variation: Die Schüler fassen den Heulschlauchkreis mit beiden Händen an und versuchen, dabei gleichmäßig im Seitgalopp zu laufen.
- Wir heben und senken den Kreis in gleichmäßigem Rhythmus. Dabei versuchen wir, uns zu setzen, zu knien oder zu hocken.
- Die Kinder halten den Kreis im Sitzen und versuchen, die Beine über und unter den Kreis zu bringen.
- *„Sprungkreisel":*
  Die Schüler werden in zwei Gruppen geteilt. Eine Schülergruppe bildet im Sitzen einen Kreis, indem sie in jeder Hand das Ende eines Heulschlauches halten. Dabei werden die Verbindungsstücke vorher entfernt. Die andere Gruppe kriecht, steigt, geht, springt oder hüpft in den bzw. aus dem Kreis **(Abb. 79)**.

Abb. 79

Heulschlauchschlange:
Schüler formen aus beliebig vielen Heulschläuchen und Verbindungsstücken (dünne Staffelhölzer, Gymnastikstäbe) verschiedene lange Schlangen.

- Die Kinder gehen, springen, hüpfen über und die Heulschlauchschlange.
- „Eisenbahn“: Schüler stehen hintereinander, fassen rechts und links die beiden Heulschlauchschlangen und gehen bzw. laufen in regelmäßigem Rhythmus durch die Halle (evtl. Musikbegleitung).
- „Schlangenkönig“: Ein Kind bewegt die Heulschlauchschlange wellenartig. Die Schüler versuchen, die Schlange zu überspringen, zu schnappen oder auf die bewegliche Schlange zu treten.
- „Rasenmäher“: Zwei Kinder führen die Schlange durch den Raum. Die anderen Kinder versuchen, die Schlange möglichst schnell zu überspringen oder unter der Schlange durchzukriechen.
- „Hexenritt“: Mehrere Schüler klemmen die Schlange zwischen ihre Beine und versuchen, darauf dicht hintereinander gedrängt in gleichmäßigem Tempo durch die Halle zu reiten.
- „Zauberer und Hexe“: Ein Fänger (Zauberer) steht mehreren Kindern gegenüber, die sich als „Hexenkinder“ auf ihrer Heulschlauchschlange ständig im Kreis bewegen. Der erste Schüler (Hexenmutter) versucht, die „Hexenkinder“ zu schützen. Schafft der „Zauberer“ es, ein Kind zu berühren, ist dieses verzaubert und muss ausscheiden.

Eigene Ideen und Anmerkungen:

Stationen mit dem Heulschlauch

Die Stationen sind für eine Unterrichtsstunde von 45 Minuten konzipiert. Die Unterrichtsform eignet sich besonders für Kinder, die schon in Gruppen gearbeitet haben und über ausreichend Zahlen- und Schreibkenntnisse verfügen.

Übungsschwerpunkte

Station 1:
Verschiedene Formen des Laufens
Sprung- und Fußmuskulatur
Station 2:
Körperkraft und Gleichgewicht
Station 3:
Mobilisieren von Schultergürtel, Wirbelsäule und Hüfte
Station 4:
Auditive Wahrnehmungsschulung

Durchführung

Die Einstimmung erfolgt im Sitzkreis.
Die 4 nummerierten Stationskarten **(Vorlagen siehe Seite 90 - 91 , Abb. 81 - 84)** stecken bereits in den dafür vorgesehenen Schlitzen der Markierungshütchen.
Nach einer Aufwärmphase werden 4 Gruppen (ca. 6 Schüler) gebildet, die je 1 Gruppensprecher wählen.
Jede Gruppe holt sich die Anzahl der erforderlichen Geräte (Heulschläuche, Teppichfliesen, Markierungshütchen) für seine ausgewählte Station und probt den Übungsablauf. Nach dem Aufbau sammeln sich alle Kinder im Kreis und stellen der Reihe nach ihre Stationen in Bewegung vor.
Je ein gewählter Gruppensprecher erhält seine Gruppenkarte **(Abb. 80)**, auf der die Er-

Gruppe ☐

Namen :

_1.______________________________

_2.______________________________

_3.______________________________

_4.______________________________

_5.______________________________

_6.______________________________

Gesamtpunktzahl

☐

Station 1
Wie oft bist du in den Kreis und aus dem Kreis gesprungen, gelaufen,... etc ?

1 2 3 4 5 6
☐+☐+☐+☐+☐+☐ = ☐

Station 2
Wie oft haben sich eure Fliesen beim Zusammenziehen berührt ?

1 2 3 4 5 6
☐+☐+☐+☐+☐+☐ = ☐

Station 3
Wie viele Runden bist du Lokomotive gefahren ?

1 2 3 4 5 6
☐+☐+☐+☐+☐+☐ = ☐

Station 4
Wie viele Wörter, Laute konntest du hören ?

1 2 3 4 5 6
☐+☐+☐+☐+☐+☐ = ☐

Abb. 80

1. Station: Sprungkreisel

Aufbau:
Kreisbildung,
1 Heulschlauch
pro Kind

B. Eckers

1. Bildet einen Kreis, indem ihr mit der linken und mit der rechten Hand jeweils das Ende eines Heulschlauches haltet!
2. Springt über je einen Heulschlauch in den Kreis und über je einen anderen Heulschlauch wieder heraus!
   Probiert es auch im Hüpfen, im Laufen, im Steigen, im Gehen, im Kriechen!

Abb. 81

2. Station: Ziehen an einem Strang

Aufbau:
2 Teppichfliesen,
1 Heulschlauch
für je 2 Kinder

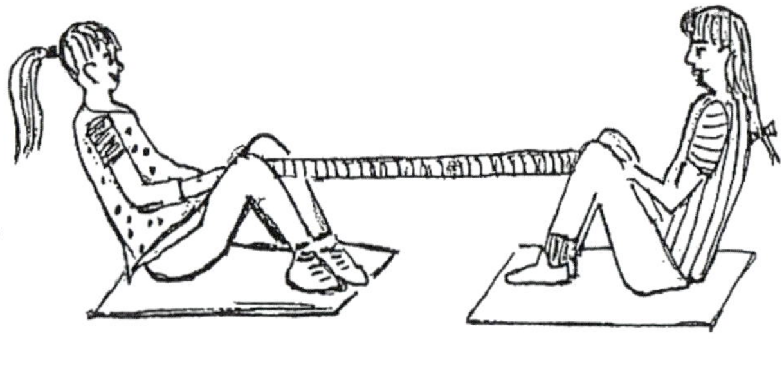

B. Eckers

1. Nehmt den Heulschlauch gleichzeitig in die Hand und zieht euch so zueinander, dass sich die Teppichfliesen berühren!
2. Stoßt euch anschließend mit den Füßen in die Ausgangsposition zurück!

Abb. 82

3. Station: Lokomotive

Aufbau:
2 Heulschläuche,
2 Teppichfliesen
für je 2 Kinder,
Hütchen

B. Eckers

1. Stelle dich mit je einem Bein auf eine umgedrehte Teppichfliese, gehe dabei leicht in die Knie und halte mit jeder Hand das Ende eines Heulschlauches!
2. Folge dem Lokomotivführer im gleichen Schrittrhythmus!

Abb. 83

4. Station: Stille Post

Aufbau:
Kreisbildung,
1 Heulschlauch
pro Kind

B. Eckers

1. Kind beginnt: Sprich deutlich einen Laut oder ein Wort (Geräusch) in deinen Schlauch!
2. Kind: Höre genau hin und sprich den Laut oder das Wort in das andere Schlauchende!

Letztes Kind: Was hast du gehört? etc.

Anschließend beginnt das 2. Kind, einen Laut oder ein Wort in seinen Schlauch zu sprechen etc.

Abb. 84

gebnisse der jeweiligen Stationsarbeit aller Gruppenmitglieder notiert werden.
Anschließend beginnen die Kinder mit den Bewegungsaufgaben im Uhrzeigersinn.
Der zeitliche Arbeitsablauf und anschließende Wechsel wird durch Musik von der Lehrkraft signalisiert.
Im Schlussteil versammeln sich die Schülerinnen und Schüler im Sitzkreis. Der jeweilige Gruppensprecher berichtet an Hand seiner Arbeitskarte über die Anzahl der Punkte und Wörter, die an den jeweiligen Stationen von seiner Gruppe erreicht wurden.
Die Stunde endet, indem die Kinder alle Heulschläuche mit Verbindungsstücken (Stäbe, Staffelhölzer) zu einer langen Reihe zusammenfügen, sich mit der rechten Hand an einem Schlauch oder Verbindungsstück festhalten und sich als Schlange zuerst schnell und dann im Schritttempo durch die Halle bewegen **(Abb. 85, Schlange 1)**.
Zu einer ruhigen Entspannungsmusik werden sie immer langsamer und rollen sich zu einem engen Kreis ein **(Abb. 86, Schlange 2 eingedreht)**.

Tipp !
Gruppenkarten laminieren und mit wasserlöslichen Stiften arbeiten, damit sie auch für weitere Gruppen verwendet werden können !

Abb. 80

Eigene Ideen und Anmerkungen:

Abb. 81

Fallschirm und Schwungtuch

Material: 10 bis 15 Kinder erhalten einen Fallschirm aus mehrfarbigem, spezialvernähtem Nylonmaterial.

Durch freies Spielen und Ausprobieren mit dem Fallschirm bzw. Schwungtuch fördern wir das spontane und kreative Bewegungs--gestalten sowie das Sozialverhalten in der Elementar- und Primarstufe. Die Stoffmenge der Tücher gibt Anlass zu neuen Spielideen und regt Kinder dazu an, sich zu tummeln, ein- und auszurollen, zu verstecken und taktil ihren Körper zu erfahren. Die strapazierfähigen Sportgeräte sind schnell zur Hand und schaffen einen übersichtlichen Ordnungsrahmen.

Übungen

- Alle Teilnehmer fassen den Fallschirm bzw. das ausgebreitete Tuch straff mit der rechten Hand und gehen im Kreis.
- Wir fassen den Fallschirm mit der linken Hand und gehen im Kreis.
- Wir steigern das Tempo und laufen vorwärts.
- Wir ziehen dabei den Schirm mit ausgestreckten Armen über den Kopf.
- Wir laufen mit dem Tuch in Hochhalte durch die Halle.
- Wir halten das Tuch abwechselnd hoch und tief.
- Auf ein Zeichen hinsetzen, aufstehen und weiterlaufen.
- Alle Teilnehmer erhalten eine Nummer (1, 2, 3, 4 – 1, 2, 3, 4 usw.); der Fallschirm wird hochgeschwungen, die aufgerufenen Nummern laufen unten durch und wechseln ihre Plätze.
- Durch Ziehen und Schwingen den Fallschirm aufblähen lassen, aufeinander zugehen und zurück (Kinder spüren den Kraftaufwand; **Abb. 87**).
- Wir ziehen schwungvoll, ein großer Pilz entsteht!
- Alle Teilnehmer lassen beim Aufblähen den Schirm auf Kommando los, der Fall-

Abb.87

schirm fliegt davon!
- Wir wiederholen die Übung und versuchen, den Fallschirm wieder zu fassen.
- Nach dem Aufblähen treten alle Teilnehmer unter den Schirm und setzen sich auf die Innenkante, ein Iglu oder Zirkuszelt entsteht.
- Wir ahmen Bewegungen von Zirkustieren und Clowns nach.
- Wir sitzen unter dem Iglu auf der Innenkante und kreisen mit dem Rumpf (links beginnend, **Abb. 88**).
- Alle Teilnehmer stehen und ziehen den Schirm straff (= Tuchziehen).
- Wir ziehen kräftig, auf Zuruf lassen wir los und fassen sofort wieder zu.
- Wir ziehen, lassen los, führen schnell eine ganze Drehung aus und fassen wieder den Schirm an.
- Wir setzen uns hin und ziehen das Tuch bis in die Rückenlage zum Kinn.
- Wir ziehen in Bauchlage, halten den Fallschirm hoch und schauen unten durch.

Spiele mit dem Fallschirm oder Schwungtuch

- Wir halten den Fallschirm im Sitzen straff und legen uns weit zurück. Ein Teilnehmer bewegt sich unterhalb des Schirms und spielt den „Hai". Die Kinder heben abwechselnd den Schirm auf und ab als Wellenbewegung. Der „Hai" zieht einen Partner am Fuß unter das Tuch: Beide spielen den Hai usw.
- Wir ziehen den Fallschirm stramm und bringen den Zeitlupenball mit den Füßen in die Umlaufbahn (Orbit).
- Alle Kinder fassen im Stehen das Tuch am Rand an und lassen einen Zeitlupenball, Luftballon oder Japanball am Außenrand herumlaufen.
- Wir versuchen, den Ball in der Mitte zu halten.
- Wir lassen den Ball links oder rechts herumlaufen.
- Durch Ziehen oder Schütteln lassen wir viele Japanbälle springen.
- Wir erklimmen den hohen Berg. Der Fallschirm wird mehrere Male hoch geschwun-

Abb. 88

gen. Nach dem Abwärtsschwingen knien alle Teilnehmer sofort auf die Fallschirmkante. Es bildet sich ein Luftberg. Die Knie bleiben fest auf der Mattenkante und alle Teilnehmer krabbeln mit den Händen zur Bergspitze.

- Schlangentanz: Mehrere Teilnehmer werfen Springseile auf den Schirm. Durch Schwungübungen tanzen die Schlangen in der Luft.
  Die gleiche Übung, wer wird von der Schlange gebissen? Dabei fällt ein Seil auf einen Teilnehmer.
- Den Ball mit dem Tuch hochwerfen und wieder auffangen.
- Unter den Fallschirm stellen wir in die Mitte ein Rollbrett. Ein Kind setzt oder legt sich auf den Schirm und die anderen Teilnehmer laufen und ziehen den Fallschirm durch die Halle **(Abb. 89)**.
- Wo ist die Maus? Alle Teilnehmer knien sich hin und schütteln den Fallschirm. Es entsteht eine Wellenbewegung. Ein Kind krabbelt als Maus unter den Schirm. Ein 2. Kind spielt die Katze und versucht, krabbelnd auf dem Schirm die Maus zu fangen.

Abb. 89

Rollbrett

Material: Rollbretter aus Buchenholz mit 4 Einzellenkrollen.

Ein Gerät, das die Koordinationsfähigkeit in hohem Maße beansprucht, ist das Rollbrett. Die Koordinationsleistung im Umgang mit dem rollenden Gerät setzt Steuerungsvorgänge voraus, die notwendig sind, um eine bestimmte Bewegung in einer gezielten Richtung durchführen zu können. Grundqualitäten wie „Impulsbahnung", „Richtungspräzision", „Sensomotorische Anpassung" und „Gleichgewichtssicherung" nehmen dabei Einfluss auf die Koordinationsbeherrschung.

Gleichgewicht

Die Qualität des Gleichgewichtsvermögens äußert sich vor allem bei Bewegungsabläufen mit verkleinerter Unterstützungsfläche und beim Auftreten äußerer Krafteinwirkungen wie etwa Trägheits- und Beschleunigungskräfte. Für Kinder im Elementarbereich ist das Rollbrett ein Gerät, das hohe Anforderungen an ihre Fähigkeit stellt, das Gleichgewicht aufrechtzuerhalten.

Dies hat folgende Gründe:

1. Die Balance ist durch die Vor-, Seit- und Rückwärtsbewegung des Gerätes erschwert.
2. Die labile Lagerung der Rollen bewirkt eine zusätzliche Verunsicherung der Balance.
3. Das Brett verfügt über eine geringe Stützfläche für den Körper.

Der Anfänger kann im Umgang mit dem Rollbrett geeignete Körperhaltungen und Ausgleichsbewegungen zur Wiederherstellung bzw. Erhaltung des Gleichgewichts entdecken. Transportaufgaben wie das Halten eines Gegenstandes auf rollender Stützfläche schulen außerdem die simultane Körper- und Extremitätenkoordination:

- Wir probieren verschiedene Sitzmöglichkeiten auf dem Rollbrett aus.
- Wir transportieren während der Fahrt unterschiedliche Gegenstände (z. B. Schaumstoffteile auf bestimmten Körperteilen, Hütchen auf dem Kopf, Schaumstoffball in der Hand, **Abb. 90**).

Abb. 90

- Wir fahren im Lang-, Schneider-, Hock- oder Fersensitz und stoßen uns mit beiden Händen vor- oder rückwärts kräftig ab.
- Wir fahren in der Bauchlage und schieben uns mit den Armen gleich- bzw. wechselseitig ab („Kraularmzug").
- Die Kinder liegen auf dem Rücken und stoßen sich mit den Füßen vom Boden ab.
- Sie schieben sich sitzend oder liegend mit Hilfe eines Stabes (z. B. Balltragestab mit Flaschengummihülse) vor- und rückwärts.
- Die Kinder liegen in Bauch- oder Rückenlage und versuchen, sich wie ein Karussell mit dem Rollbrett zu drehen.
- Sie nehmen auf Signal verschiedene Körperlagen ein: (z. B. Pfiff: Rückenlage; Klatschen: Bauchlage; Arme gekreuzt: Schneidersitz etc.).
- Wir pusten während der Fahrt einen Japan-Papierball vor uns her.
- Wir liegen in Bauchlage auf dem Rollbrett und versuchen, ein Pedalo vorwärts zu bewegen.

Anpassung

Das Rollbrett bietet vielfältige Einsatzmöglichkeiten, um überschüssige Energie in gelenkte Bahnen zu bringen. Impulsive Kinder werden zu einer dosierten Impulsgebung gezwungen. Selbstbeherrschung und Umsicht werden nicht nur im Umgang mit dem fahrenden Gerät, sondern auch in der Anpassung an den Partner geschult.

Anpassung an Raum und Zeit:
Die Erfahrung der eigenen Körperausmaße mit dem Vergleich der Entfernungen und Abstände im Aktionsraum fördert die Orientierung auf dem Rollbrett und in der Halle. Das Sammeln von Raum- und Zeiterfahrungen kann durch verschieden breite, große und hohe Hindernisparcours erprobt werden:

- Die Kinder fahren auf Zuruf von z. B. der Raummitte zu einem angekündigten Ort (z. B. Wand, Hallenecke, Tor), berühren diesen und kehren zum Ausgangsplatz zurück.
- Jedes Kind baut sich aus verschiedenem Material (rote Hütchen, gelbe Schaumstoffteile, weiße Seile etc.) einen Abstellplatz für sein Rollbrett. Auf Pfiff sollen die im Raum herumfahrenden Kinder so schnell wie möglich ihren eigenen Parkplatz wieder finden bzw. diesen berühren.
- Dasselbe; sie suchen sich auf optische Signale (rot, gelb, weiß) einen farblich gekennzeichneten Parkplatz.
- Dasselbe; jeder Rollbrettfahrer erhält eine Nummer für seinen Abstellplatz. Auf Rufen einer beliebigen Zahl starten die dazugehörigen Kinder, fahren zum Ziel und kehren zu ihren Ausgangsplätzen zurück.
- Sie fahren in verschiedenen Körperlagen um/unter Hindernisse (z. B. Mattenberge, Keulen gassen, Seilstraßen, Hütchenbrücke mit Hockeyschlägern etc. **(Abb. 91)**

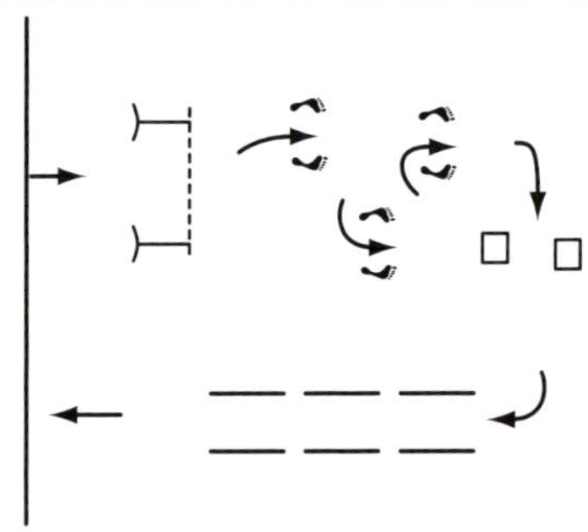

Abb. 91

- Dasselbe; ein Kind fährt eine bestimmte Strecke vor. Der Partner folgt ihm oder wird selber zum Führer.
- Dasselbe; sie erhalten eine bestimmte Streckenkarte und versuchen, dieser nachzufahren **(Abb. 92)**.

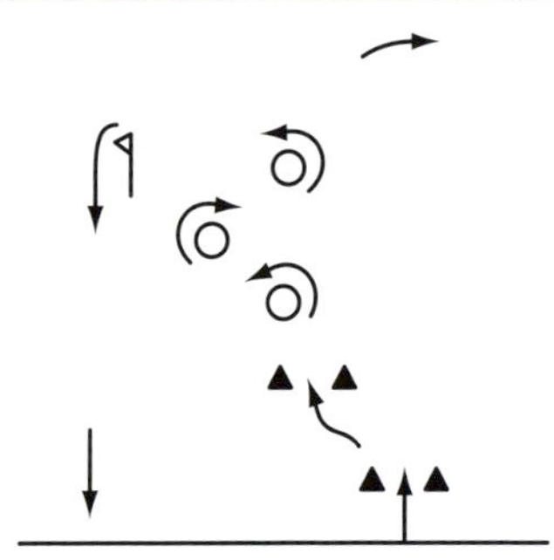

Abb. 92

Anpassung an den Partner:
Bei der gemeinsamen Bewältigung einer Aufgabe erfahren die Kinder, dass sie beim Steuern des rollenden Gerätes auf die Unterstützung und Hilfe des Partners angewiesen sind:

- Ein Kind befindet sich im Schneider-, Hock oder Fersensitz auf dem Rollbrett und wird an den Händen, an den Schultern oder am Gesäß vom Partner gezogen bzw. geschoben **(Abb. 93)**.
- Dasselbe; der Fahrer schließt die Augen und lässt sich ohne optische Kontrolle vom Partner führen.
- Ein Kind setzt sich rückwärts auf das Rollbrett. Es wird an den angewinkelten Beinen vor- oder rückwärts geschoben.
- Ein Schüler befindet sich in Rückenlage auf dem Rollbrett. Der Partner zieht es an den Händen oder schiebt an den Füßen.
- Ein Kind liegt bäuchlings auf dem Rollbrett. Der Partner dreht den Liegenden im Kreis. Dabei dürfen die Arme nicht zu hoch gehalten werden. Kopf und Körper bilden eine Linie.
- Ein Kind liegt in Bauchlage auf dem Rollbrett und schiebt sich mit den Händen vorwärts. Der Partner sitzt auf dem Gesäß des Liegenden und stößt sich gleichzeitig mit den Füßen vom Boden ab.
- Zwei Kinder liegen bäuchlings auf je einem Rollbrett nebeneinander. Sie fassen sich an und stoßen sich mit Händen und Füßen ab.
- Zwei Kinder knien nebeneinander auf je einem Rollbrett. Sie halten sich im Schultergriff fest. Die freigebliebene Hand hält ein „Paddel" (Staffelholz mit Flaschengummihülse) und bewegt die Rollbretter nach Absprache vor- oder rückwärts.
- Ein Kind liegt in Bauchlage auf dem Rollbrett. Zwei andere Kinder ziehen es an den Händen vorwärts. Der Kopf des Fahrenden darf dabei nicht in den Nacken genommen werden. Danach ziehen sie es an den Füßen zurück.
- Ein Kind befindet sich im Schneider-, Hock- oder Fersensitz auf dem Rollbrett. Es wird von zwei Kindern an den Schultern vorwärts und an den Knien zurückgeschoben.
- Ein Kind liegt bäuchlings auf dem Rollbrett. Der zweite Mitfahrer drückt sich in Bauchlage mit den Händen von den Schulterblättern seines Vordermannes ab. Ein drittes Kind fasst die Oberschenkel, legt die Beine um seine Hüften und bewegt das Rollbrett wie eine „Schubkarre" vorwärts.

Abb. 93

- Karussell: Zwei Partner liegen sich bäuchlings auf je einem Rollbrett gegenüber und halten sich an den Händen fest. Sie werden von je einem Kind an den Füßen gehalten und in eine Rotationsbewegung versetzt.
- Zwei Kinder sitzen oder liegen auf einer umgedrehten Langbank, die auf drei Rollbrettern liegt. Jeweils mehrere Kinder halten eine Seite der Bank fest und laufen im Kreis. Die Partner versuchen, sich während der Rotationsbewegung an den Händen zu halten, ohne das Gleichgewicht zu verlieren.
- „Taxifahrt“: Ein Kind sitzt in einem kleinen, umgedrehten Kasten, der auf ein Rollbrett gelegt worden ist. Der Partner schiebt den Wagen in bestimmte Richtungen, die von dem Vordermann gerufen oder gezeigt werden.
- „Abschleppdienst“: Das defekte Fahrzeug fasst die Beine des Vordermannes an und lässt sich ziehen **(Abb. 94)**. Mehrere Fahrzeuge werden abgeschleppt.
- „Parcoursfahrt“: Hütchen werden in der Halle verteilt. Ein Teilnehmer liegt bäuchlings auf dem Rollbrett und wird vom Partner an den gebeugten Beinen geschoben. Wer schafft den Parcours fehlerfrei?

Spielfähigkeit

Durch Rollbrettstaffeln, einfache Wettrollfahrten und Fangspiele erwerben die Kinder Eigenschaften wie Reaktionsfähigkeit, Schnelligkeit, Einsatzvermögen und Gruppengeist. Das gemeinsame Handeln im Rahmen einer Spielsituation ermöglicht den Kindern, soziale Verhaltensweisen zu erlernen.

Rollbrettstaffeln:
Die Staffeln können durch besondere Aufgabenstellungen (z. B. Einzel-, Partner- oder Gruppenarbeit, Körperlagen, Transport von Gegenständen) und Hindernisse (z. B. Slalomparcours) sowie bestimmte Ablöseformen erweitert werden. Dabei kann der jeweils nächste Fahrer auf unterschiedliche Weise, z. B. durch Schlag auf die vorgehaltene Hand („Fahrausweis“), Übergabe eines Gerätes (Staffelholz, Bierdeckel als Fahrkarte), Umrunden bzw. Berühren einer Markierung (Hütchen) abgelöst werden. Umkehrstaffel: Die Kinder fahren in

Abb. 94

verschiedenen Körperlagen von einer Linie los, um eine Markierung herum und kehren wieder zum Ausgangsplatz zurück **(Abb. 95)**.

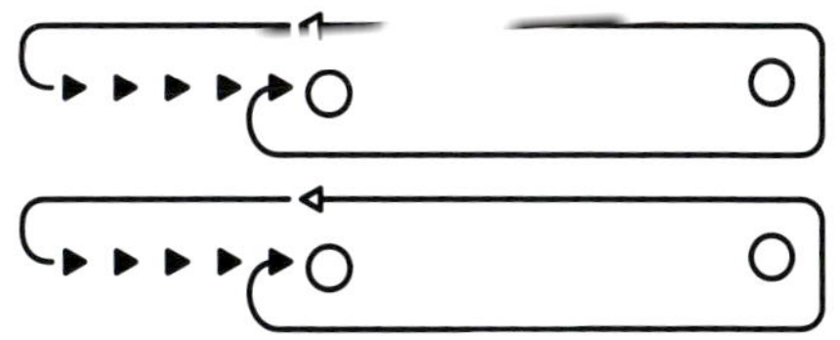
Abb. 95

- Pendelstaffel: Die einzelnen Gruppen werden in zwei Hälften geteilt und starten mit den Rollbrettern an zwei gegenüberliegende Abfahrtslinien. Jeder Fahrer fährt die Strecke in verschiedenen Körperlagen **(Abb. 96)**.

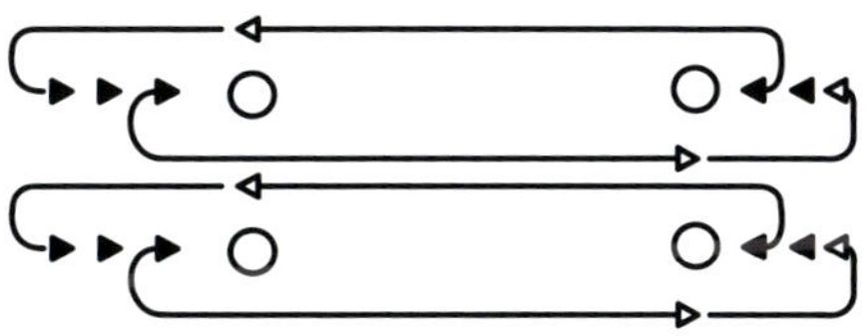
Abb. 96

- Rundfahrtstaffel: Alle Gruppen befinden sich in Kreisstellung (Abstände beachten!) Die Kinder fahren in unterschiedlichen Körperlagen um alle Gruppen herum **(Abb. 97)**.

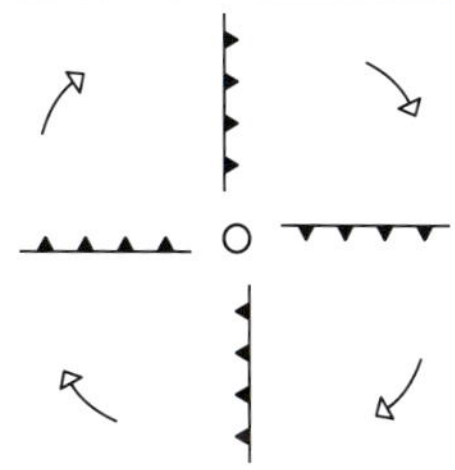
Abb. 97

Aufgabenstellungen:
- „Kutschenfahrt“: Ein Kind legt sich in Bauchlage auf das Rollbrett und hält ein Seil in den Händen, das um den Rücken gelegt worden ist. Zwei Kinder ziehen es und achten darauf, dass es den Kopf nicht zu hoch hält.
- „Pferderennen“: Auf je ein Rollbrett wird ein kleiner Kasten mit der offenen Seite nach oben gelegt. Im „Sulky“ sitzt ein Kind mit einem Seil („Zügel“) in der Hand. Der Partner zieht den Wagen in gemäßigtem Tempo hinter sich her **(Abb. 98)**.

Abb. 98

- Zweispanner": Dasselbe, der Wagen wird von zwei Kindern („Pferde") gezogen.
- „Ruderboot": Auf drei Rollbrettern werden kleine Kästen mit der offenen Seite nach oben gelegt. Drei Insassen befinden sich im Hocksitz und versuchen, mit zwei Stäben (Gymnastikstab mit Flaschengummihülse) vorwärts zu kommen.
- „Lokomotive": Vier oder fünf Kinder sitzen in einem kleinen Kasten, der mit der offenen Seite nach oben auf je ein Rollbrett gestellt worden ist. Jeder hält sich an einem um den Rücken des Vordermannes gelegten Seil fest. Zwei Schüler ziehen den „Zug" durch den Raum.
- „Delphin": In jeder Mannschaft wird nur ein Rollbrett benutzt. Jedes Kind zieht sich in Bauchlage durch beidseitigen Armeinsatz zum Hütchen und schiebt sich rückwärts zur Ausgangslinie zurück.
- „Go-Kart-Rennen": Auf vier dicht nebeneinander liegende Rollbretter wird eine Turnmatte gelegt. Die vier Fahrer schieben ihr Fahrzeug mit viel Schwung an und lassen es ausrollen.
- Variation: Die vier Kinder versuchen, mit Schwung auf die Matte zu kommen, um dann mit Unterstützung von Arm- und Beineinsatz weit und schnell vorwärts zu kommen. Dieselbe Übung kann auch mit einer Weichbodenmatte, die auf mehrere Rollbretter gelegt wird, durchgeführt werden.

Fangspiele:

- „Nachahmungstick": Der Fänger bestimmt die Körperlage auf dem Rollbrett. Wird ein Fahrer abgeschlagen, muss er schnell eine andere Fortbewegungslage einnehmen. Anschließend müssen sich alle auf dieselbe Art (Knie-, Hock-, Lang- oder Schneidersitz) im Raum bewegen.
- „Rollbrett-Tauch-Tick": Ein Fänger schlägt einen Rollbrettfahrer ab. Dieser bleibt auf seinem Rollbrett sitzen. Er darf erst weiterfahren, wenn ein anderer Fahrer mit ihm das rollende Gerät getauscht hat.
- „Wer fürchtet sich vorm Rollbrettmann?": Zwei oder drei Rollbrettfahrer stehen nebeneinander an einer Linie der Halle. Nachdem sie gerufen haben: „Wer fürchtet sich vorm Rollbrettmann?", müssen sie abwarten, bis die übrigen Fahrer mit „Niemand" geantwortet haben. Diese Gruppe versucht dann, auf die gegenüberliegende Seite zu gelangen, ohne abgeschlagen zu werden. Gelingt ihnen dies nicht, helfen sie den „Rollbrettmännern" beim Fangen. (Variation: Wechsel der Körperlagen auf den Rollbrettern.)
- „Der Feuerwehrroller kommt": Die Fänger auf den Rollbrettern ticken die Fahrer mit einem roten Moosgummiball. Wer getickt wird, bekommt den Ball und wird zum Fänger. (Variation „Der Postroller kommt", Tick durch einen gelben Moosgummiball).

Wettrollfahrten:

- „Verkehrsgarten": Die Kinder bauen aus verschiedenen Materialien (Hütchen, Seile, Matten, Keulen etc.) Straßen mit Hindernissen. Sie fahren anschließend nach Anweisung eines „Polizisten" vor- oder rückwärts in unterschiedlichen Körperlagen in bestimmte Richtungen: a) durch Handzeichen, b) durch Zuruf. Wer am schnellsten durch alle Straßen ohne Fehler zum Ziel gelangt ist, hat gewonnen.
- „Nummernrallye": Die Fahrer jeder Gruppe werden einzeln durchgezählt und erhalten jeweils eine „Autonummer". Die Kinder versuchen, auf Signal mit Tempo aus ihrer Gruppe auf die Kreislinie zu gelangen. Dabei sollen sie, so schnell wie möglich, um alle Gruppen herumfahren, bis sie wieder an ihrem Ausgangsplatz angekommen sind. Die Fortbewegungsarten werden vorher festgelegt.
- „Igelspiel": In der Mitte der Halle liegen zwei Knetgummiigel ohne Stacheln. Die Fahrer werden gleichmäßig in vier Gruppen geteilt und befinden sich hinter einer mit den Stacheln ihres Igels belegten Mat-

te. Auf Pfiff legt jedes Kind ein Holzstäbchen auf sein Rollbrett, transportiert es zu dem jeweiligen Igel seiner Gruppe, steckt das Stäbchen in die Knetmasse und rollt zum Ausgangsplatz zurück, um erneut einen Stachel aufzunehmen. Das Spiel ist beendet, wenn kein Stäbchen mehr auf den Matten liegt bzw. alle „Stachellöcher" des Igels gefüllt sind **(Abb. 99)**.

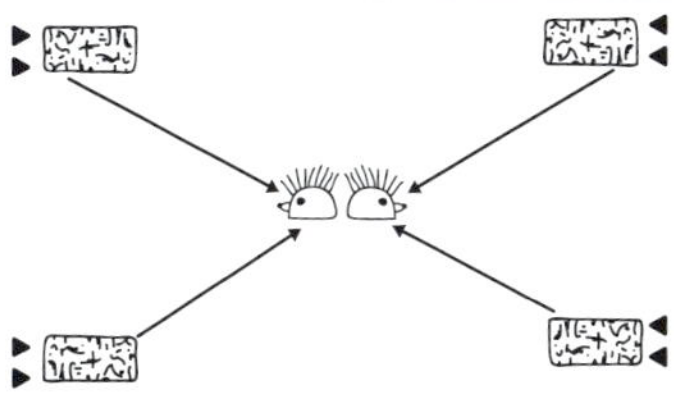

Abb. 99

Eine Variation ist das folgende Spiel:

- „Der verrückte Hühnerhof": Konfetti („Hühnerfutter") wird auf Rollbrettern zu kleinen Kästen („Hühnerhof") gebracht. Als Transportmittel und Zielgegenstände können verschiedene Materialien verwendet werden.
- „Puzzle-Fahrt": Jeder Fahrer erhält eine Zeichnung mit einem eindeutigen Motiv (z. B. Micky-Maus Zeichnung im DIN A4-Format). Das Blatt wird von jedem Kind in etwa zehn Teile zerrissen. Der Fahrer legt die Einzelteile jeweils zu einem Haufen auf seinen Platz. Auf Signal sollen die Kinder alle Teile einzeln zu einem Ort auf der gegenüberliegenden Hallenseite transportieren. Wer zuerst alle Papierschnipsel herübergefahren hat und zu einem Puzzle zusammengesetzt hat, ist Sieger.

Variation: Die Aufgabe kann auch in Partnerarbeit gelöst werden. Dabei wird eine Zeichnung im DIN A3-Format benötigt, die in ca. 20 Teile zerlegt werden soll. Für Grundschulkinder eignen sich auch bestimmte Wörter, die sinnvoll zusammengesetzt werden sollen.

- „Rollbrettspiel": 2 Mannschaften zu 4 bis 6 Spieler; 1 Schaumstoff- oder Basketball. Die Mitspieler versuchen, sich den Ball während der Fahrt zuzuspielen. Die gegnerische Mannschaft versucht, den Ball abzufangen bzw. vom Boden aufzunehmen. Es zählen die Fangbälle als Punkte. Alternativ kann die Sitzposition verändert werden **(Abb. 100)**.

Abb. 100

- „Stempel-Fahrt“: Jedes Kind erhält eine bestimmte Anzahl verschieden bestempelter Zettel. Auf Pfiff fahren die Kinder mit je einem Zettel zu einer großen Bildertafel. Sie suchen sich ihre Abbildung heraus, kreuzen diese mit einem Stift an und legen den verglichenen Zettel in einen Karton. Danach rollen sie zum Ausgangsplatz zurück und starten erneut, bis kein Papierblatt mehr vorliegt.

Tipp:
Das bestempelte Bild wird unter eine Plastikglasplatte bzw. in eine Klarsichtfolie gelegt, auf der mit abwaschbaren Overhead-Stiften geschrieben werden kann. Die Abdeckung muss abgerieben werden und ist nach jedem Gebrauch erneut einsetzbar.

Sicherheitshinweise!
Auf bestimmte Gefahren und Verhaltensregeln muss beim Einsatz des Rollbretts hingewiesen werden:
- Lange Haare werden vorher zusammengebunden.
- In Einführungsstunden setzt sich jedes Kind bei Ansage durch den Lehrer hinter das um gedrehte Brett.
- Übungen im Stand werden vermieden.
- Die Hallenwände werden zur Sicherheit durch Matten abgegrenzt, damit keine Finger oder Füße zwischen Wand und Rollbrett geraten können.

Eigene Ideen und Anmerkungen:

Tennisring

Material: Tennisringe aus Moosgummi bzw. farbige Wurfringe aus Ruton, luftgefüllt.

Mit dem Tennisring sollen sich die Kinder zunächst im Einzelspiel individuell auseinandersetzen, um danach mit dem Partner dem Spielen und Üben einen kooperativen Charakter zu geben.

Laufen

Der Übungsleiter rollt nacheinander die Tennisringe in die Halle. Jeweils ein Kind läuft hinterher und holt sich einen Ring. Alle Kinder benutzen den Ring als Steuer.

- Die Kinder fahren „Auto“ und bewegen sich kreuz und quer durch die Halle.
- Vor- und rückwärts laufen und im Slalom durch die Halle laufen.
- Auf den Hallenlinien laufen.
- Der Lehrer spielt in der Hallenmitte den „Verkehrspolizisten“. Alle Kinder fahren in verschiedene Richtungen.
- Wir werfen den Tennisring hoch und fangen ihn wieder auf.
- Dasselbe, aber vor dem Fangen in die Hände klatschen.
- Wir rollen den Tennisring und laufen hinterher.
- Dasselbe; wer kann den Ring überholen und ihn aufheben?

Springen und Werfen

- Ein Kind steht in der Mitte des Kreises und lässt den am Seil befestigten Ring über den Boden kreisen. Die anderen Kinder versuchen, über das Hindernis „Seil und Ring“ zu springen **(Abb. 101)**.
- Dasselbe, aber wer kann es mit einem Bein?
- Wir drehen (zwirbeln) den Ring am Ort und überspringen ihn, solange er sich dreht.
- Dasselbe, aber wir laufen und hüpfen um ihn herum.
- Wir werfen den Ring mit der Schlagwurftechnik durch die Halle.
- Wir werfen den Ring in ein Feld der Gitterleiter.

Abb. 101

- Wir schleudern den Ring seitwärts wie einen Diskus.

Schulung der Beweglichkeit und Kräftigung der Bauch-, Rücken- und Brustmuskulatur

- Die Kinder legen den Ring auf den Kopf und gehen zunächst aufrecht und später in der „halben" Hocke durch die Halle.
- Dasselbe, aber wir gehen den Hallenlinien nach.
- Alle Teilnehmer hängen den Ring über den Fuß und hüpfen vorwärts.
- Wir springen im Hocksprung vor und rückwärts über den am Boden liegenden Ring.
- Die Kinder winkeln den Oberkörper ab, gehen im „Elefantengang" durch die Halle und tragen dabei den Ring auf dem Rücken.
- Dasselbe, aber mit verschiedenen Richtungsänderungen.
- In der Bauchlage den Ring mit beiden Händen hochheben (nicht auf den Ellenbogen abstützen) und durch den Ring schauen.
- Dasselbe, aber einmal um die Längsachse drehen.
- Wir legen den Ring auf die Füße und fahren mit angehockten Beinen Karussell
- Alle Kinder liegen auf dem Rücken, beide Beine sind senkrecht nach oben gestreckt. Die Partner legen mehrere Ringe auf beide Fußsohlen. Beim Strecken und Anbeugen der Beine sollen die Ringe balanciert werden.
- Dasselbe, aber der „Fahrstuhl" hält auf der 1., 2. und 3. Etage; Beine also stufenweise strecken.
- Zwei Partner stehen sich gegenüber, halten den Ring und versuchen sich gegenseitig vom Platz zu ziehen.
- Wir halten den Ring im Schneidersitz mit beiden Händen hoch über den Kopf.
- Dasselbe, aber wir verwringen (verdrehen) dabei den Oberkörper.
- Wir halten den Ring in Hochhalte. Wer kann sich nun hinsetzen, hinknien und wieder aufstehen?
- Ein Kind befindet sich in der Bankstellung, die Partner legen mehrere Ringe auf dessen Rücken. Dabei hebt und senkt das in der Bankstellung befindliche Kind den Rücken. Wir spielen Kamelreiten, wechseln danach die Position **(Abb. 102)**.

Abb. 102

Therapiekreisel

Material: Therapiekreisel aus Holz oder Kunststoff mit einem Anti-Rutsch-Polster bzw. einer Anti-Rutsch-Unterlage

Therapiekreisel haben einen hohen Aufforderungscharakter und können den natürlichen Bewegungsdrang optimal unterstützen. Sportphysiologisch werden durch die andauernd wechselnden Ansprüche an das Stabilisierungsvermögen hohe Reize für die Haltemuskulatur gesetzt. Durch vielseitige Aufgabenstellungen und individuelles Erproben im Bereich der Gleichgewichtsfähigkeit werden Reaktion, Koordination, Kraft und Beweglichkeit besonders geschult. Durch das Selbstfinden von Übungen und gemeinsames Ausprobieren mit dem Partner fördert der Kreisel besonders soziales Handeln **(Abb. 103)**.

Gleichgewichtsschulung

Im Stand

- Stand an der Sprossenwand, Reckstange, am Barrenholm; Körper aufrecht, Arme gerade, Kreisel auf eine Teppichfliese oder Matte legen.
- Grundstellung auf dem Therapiekreisel, Gewichtsverlagerung nach links, rechts, hinten und vorn **(Abb. 104)**.
- Drehen auf der Scheibe nach rechts und links, den Drehschwung im Schulterbereich abfangen **(Abb. 105)**.
- Stand auf dem Therapiekreisel in den Hochzehenstand erheben und wieder zum Fußsohlenstand absenken.
- Hockstand vor der Wand; in der Kniebeuge den Therapiekreisel mit Hüftschwung bewegen.
- Zwei bis drei Kinder bilden mit dem Therapiekreisel eine Reihe und halten sich am Vordermann fest; leichtes Bewegen nach links und rechts.
- Seitgrätschstand auf dem Therapiekreisel

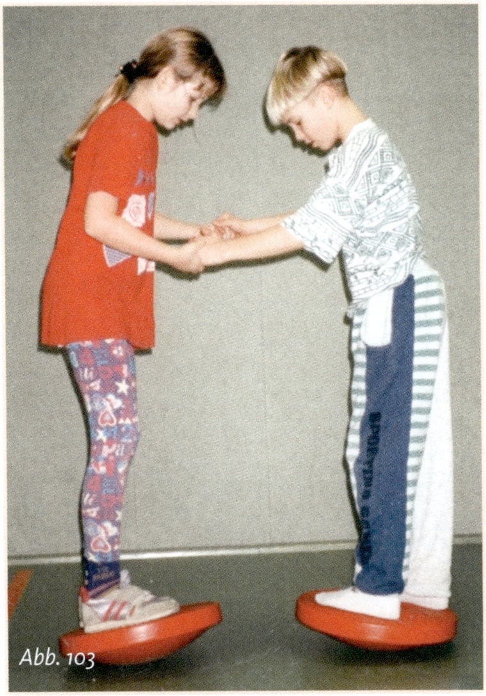

Abb. 103

Abb. 104

mit Seithalte der Arme, Drehung aus dem Oberkörper (Oberkörper nach links, Hüfte abwärts nach rechts) im Wedelstil langsam und schnell.
- Grundstellung auf dem Gerät, eine halbe Drehung bzw. eine ganze Drehung um die Körperachse als Tretübung. Die Scheibe darf sich nicht mitdrehen.
- Aus dem Seitgrätschstand in die Hocke gehen und den Therapiekreisel bzw. die Matte/ den Boden berühren.
- Mit einem Bein auf dem Therapiekreisel stehen und das andere Bein seitwärts hin und her schwingen.
- Einbeinstand an der Wand und leichtes Kniebeugen.
- Mehrere Therapiekreisel in einer Reihe, von einer „Station“ zur anderen balancieren.
- Mit einem Bein auf dem Therapiekreisel stehen und mit der Fußsohle des anderen Beines einen Softball um den Kreisel rollen.

Im Sitz/Liegestütz
- Im Schneidersitz auf dem Therapiekreisel hin- und herschunkeln.
- Sitz auf dem Therapiekreisel mit den Füßen herumdrehen.
- Wie zuvor, aber unter Zuhilfenahme der Hände herumdrehen.
- Mit den Händen herumdrehen und die Drehgeschwindigkeit durch Beugen und Strecken der Beine verstärken.
- Wie zuvor, aber die Richtung verändern.
- Im Kniestand schnell und langsam herumdrehen.
- Auf dem Therapiekreisel sitzen und mit angewinkelten Beinen einen Softball, Luftballon oder ein Bohnensäckchen zwischen den Füßen halten.
- Wie zuvor, aber im Drehen.
- Im Liegestütz vorlings auf dem Therapiekreisel Wedelübungen ausführen. Dabei bleiben die Arme gestreckt (Gewichtsverlagerung nach rechts und links).
- Im Liegestütz vorlings auf dem Therapiekreisel laufen die Füße bei gestreckter Körperhaltung um 360 Grad außen herum.
- Im Liegestütz rücklings (Kinn zur Brust) beide Füße auf den Therapiekreisel stellen und kreisende Bewegungen ausführen.

Abb. 105

Abb. 106

- In der Bauchlage auf dem Therapiekreisel mit den Händen abstoßen und Karussel fahren. Blick zum Boden, keine Hohlkreuzhaltung einnehmen!
- In der Bauchlage (Blick zum Boden) mit den Armen einen Ball halten.
- Im Sitz auf der Bank die Fußspitzen (möglichst barfuß) auf den Therapiekreisel stellen und ein Fußgymnastikprogramm durchführen, z. B. Hacke-Spitze.

Spiel- und Übungsformen mit dem Partner

- Zwei Partner stehen sich auf dem Therapiekreisel gegenüber und werfen sich den Softball zu **(Abb. 106)**.
- Wie zuvor, aber „Volleyballpritschen" mit dem Luftballon.
- Partnerweise versuchen, sich gegenseitig aus dem Gleichgewicht zu bringen **(Abb. 107)**.
- Partner A sitzt mit gestreckten Beinen auf dem Therapiekreisel. Partner B springt mit beiden Beinen im Schlusssprung hinüber **(Abb. 108)**.
  Wie zuvor, aber Partner A grätscht und schließt die Beine.
- Partner A führt im Sitzen eine Drehbewegung aus, Partner B hüpft über die gestreckten Beine.
- Zwei Partner stehen jeweils auf dem Therapiekreisel und fassen sich an. Dabei gehen beide in die Kniebeuge und führen kleine Wedelübungen aus.
- Mehrere Therapiekreisel werden in der Halle verteilt. Alle Teilnehmer versuchen, über die „Inseln" zu gehen. Wer überwindet alle, ohne hinunterzufallen?

Abb. 107

Abb. 108

Soft-Frisbee-Scheibe

Material: Soft-Frisbee-Scheibe aus Schaumstoff

Entwicklungspsychologisch hat das Spielen bei Kindern im Sportunterricht eine zentrale Bedeutung. Das Spielgut ist so auszuwählen, dass allen Kindern die Teilnahme am Spielen ermöglicht wird; ein frühes Ausscheiden muss vermieden werden. Als Spielideen eignen sich kooperative Spiele, denn durch gemeinsame Spielerlebnisse lassen sich soziale Verhaltensweisen einüben. Zur Stärkung der Selbstkompetenz werden Bewegungsspiele ausgewählt, bei denen die Kinder ihre Kooperations-, Kommunikations- und Interaktionsfähigkeiten schulen können.

Erwärmung und Kräftigung der Hauptmuskelgruppen

- Alle Teilnehmer laufen mit der Frisbee-Scheibe (FS) in der Hand durch die Halle und wechseln dabei die Laufformen wie vor-, rück-, seitwärts, Seitgalopp oder Hopserlauf.
- Auf ein Zeichen (Tamburinschlag o. ä.) legen alle Teilnehmer die FS auf den Boden und wiederholen die Lauf-formen um alle FS herum.
- Überspringen aller FS und auf ein Zeichen wieder aufheben.
- Die FS mit gestreckten Armen waagerecht über dem Kopf halten und auf Zehenspitzen über die Hallenlinien gehen.
- Wie zuvor, aber über verschiedene Bänke gehen.
- Im Liegen wird die FS mit gestrecktem Arm (Blick zum Boden) gehalten und anschließend leicht angehoben **(Abb. 109, links)**.
- Rückenlage mit angewinkelten Beinen, die FS auf Höhe der Knie halten. Der Kopf wird dabei etwas angehoben **(Abb. 109, rechts)**.
- Wie zuvor, aber die FS schräg seitwärts in Richtung Wade führen.
- Im Schneidersitz die FS waagerecht über dem Kopf halten.
- Im Strecksitz auf dem Boden die FS auf die

Abb. 109

Füße legen, die Beine anheben und sich auf dem Gesäß drehen (Karussell).
- Die FS mit beiden Füßen senkrecht festhalten; Anhocken und Strecken der Beine

Zielwerfen
- Untertassen landen auf dem Planeten. Wurfübungen mit der FS auf die Turn- oder Weichbodenmatte. Verschiedene Entfernungen durch Abwurfmarkierungen kennzeichnen.
- Auf dem Turnkasten liegt ein Medizinball. Wer schafft mit der FS die meisten Treffer?
- Wie zuvor, aber im Wechsel mit der rechten und linken Hand werfen.
- Eine Bananenkiste oder ein Sprungkasten steht in der Turnhalle und alle Teilnehmer versuchen, aus einer vorgegebenen Entfernung die Öffnung zu treffen.
- Mehrere Reifen werden in die Halle gelegt. Von einer Abwurflinie wird versucht, die Reifen zu treffen.
- Zielwerfen an der Gitterleiter aus drei bis fünf Metern Abstand. Jede waagerechte Gitterfensterreihe besitzt eine Punktziffer. Wer schafft jeweils ein Fenster in jeder Reihe?
- Ein Partner hält seitwärts links oder rechts kopfhoch einen Reifen. Sein Mitspieler versucht aus verschiedenen Entfernungen durch die Reifen zu werfen. Nach einer Anzahl von Würfen erfolgt Partnerwechsel.

Spielformen
- Mit der Partnerin Figurenlegen an Teppichwänden **(Abb. 110)**.
- Zwei Partnerinnen werfen sich die FS zu. Welches Paar schafft in einer Minute die meisten Fangpunkte?
- Wie zuvor, aber mit der ungeübten Hand.
- Nach jedem Versuch die Wurfhand wechseln und die Entfernung vergrößern.
- In der Kreisform – Abstand je nach Fangfertigkeit – Werfen und Fangen ohne Bodenberührung; es zählt jeder Fangpunkt.

Abb. 110

Schweifball

Material: Es werden ausgediente Tennisbälle genommen und mit dem Cutmesser ein Schlitz in den Ball geschnitten, dann wird ein 30 bis 50 cm langer Schweif (Absperrband) mit einem Knoten versehen in den Ball hineingesteckt **(Abb. 111)**.

In der heutigen Zeit sind die äußeren Bedingungen für Kinder zum Werfen, z. B. mit Steinen, Kastanien, Tannenzapfen, Schneebällen o. ä., sehr begrenzt, daher sind ihre Leistungen in allen Wurfdisziplinen häufig schwach. Dieser Mangel kann durch eine vielfältige Wurfschulung ausgeglichen werden, um die Voraussetzungen für die Ballsportarten zu verbessern. Für die elementare Wurfschulung eignet sich besonders der Schweifball. Dank des Schweifes können die Kinder die Flugbahn des Balles gut beobachten.

Spielerisches Werfen

Jedes Kind bekommt einen Schweifball und sucht sich in der Halle einen freien Platz zum Werfen.

- In der leichten Schrittstellung stehen und aus dem Stand den Schweifball mit einer Ausholbewegung (vor-hoch-rück) durch Rückbeugen des Oberkörpers (Bogenspannung) am Ohr vorbei senkrecht zur Hallendecke werfen.
- Wie zuvor, aber: Welcher Ball bleibt am längsten in der Luft?
- Den Ball senkrecht in die Luft werfen und wieder auffangen. Mehrere Male ausführen.
- Wer schafft die Versuche, ohne dass der Ball den Boden berührt?
- Sternschnuppen treffen den Mond. Alle Schüler und Schülerinnen stehen kreisförmig um die Lehrkraft und halten den Schweifball abwurfbereit. Die Lehrkraft wirft senkrecht einen großen Zeitlupenball bzw. Pezziball in die Höhe. Alle Kinder versuchen den fliegenden Mond in der höchsten Flugphase zu treffen.
- Von der Freiwurflinie des Basketballfeldes wird versucht, aus verschiedenen Stationen das Basketballbrett zu treffen.

Abb. 111

Zielgerechtes Werfen

- Wichtig: Bei diesen Übungsformen werden erste technische Hinweise zum Schlagwurf gegeben. Beim Abwurf steht der Gegenfuß zur Wurfhand vorn und der Schweifball wird auf Kopfhöhe vorbeigezogen (Kern- oder Schlagwurf). Der Ball liegt dabei nicht in der Handfläche, sondern wird mit Daumen, Zeige-, Mittel- und Ringfinger gefasst. Der Schweif hängt zwischen Mittel- und Zeigefinger (v-förmig) auf dem Handrücken und zeigt nach hinten unten. Beim Abwurf führt zunächst die Schulter und der Wurfarm zieht nach. Dabei wird der Werfer ganz groß und fängt den Schwung durch Umtreten.
- Die Weichbodenmatte hochkant an die Wand stellen. Alle Teilnehmer stehen v-förmig zur Weichbodenmatte (evtl. durch Reifen usw. den Platz markieren) und versuchen, die Matte zu treffen.
- Markierungshütchen aufstellen und versuchen, so zu treffen, dass sie umfallen.
- Wurfübungen an der Gitterleiter: Partnerweise versuchen, die einzelnen Fenster zu treffen. Ein Partner hält einen oder zwei Reifen seitwärts kopfhoch, der zweite Partner versucht, durch den Reifen zu werfen.
- Ein Kind steht auf dem kleinen Sprungkasten und der Mitspieler versucht, aus verschiedenen Entfernungen den Schweifball zum Partner zu werfen. Wie viele Fangpunkte schafft mein Partner?
- Zwei Partner stehen sich gegenüber. Partner A wirft mit dem Schweifball, Partner B versucht, den Ball mit einem Plastikbecher aufzufangen. Zwei Gruppen, A und B, stehen sich gegenüber. Jedes Paar wirft sich in der Gegenüberstellung den Schweifball zu. Welches Team schafft in 20, 30, 40 Sekunden die meisten Ballwechsel?
- Alle Teilnehmer stehen nebeneinander (bei großer Teilnehmerzahl zählen wir 1 – 2 – 3 – 1 – 2 – 3 ab) und werfen nach Aufforderung reihenweise weit durch die Halle.
- Zwei Partner stehen sich gegenüber und werfen sich den Schweifball so zu, dass der Mitspieler den Ball fangen kann **(Abb. 112)**.

Abb. 112

Markierungshütchen

Material: Markierungshütchen

Allgemeine Erwärmung und Kräftigung

Alle Hütchen werden in der Halle verteilt und die Kinder laufen (evtl. auch nach Musik) um die Markierungshütchen (Mh) vor-, rück-, seitwärts, im Hopserlauf, Seitgalopp etc.

- Die Mh stehen im Abstand von 2 bis 3 Metern in einer Reihe. Wir versuchen, im Pferdchen- oder Schlusssprung über die Mh zu springen **(Abb. 113)**.
- Alle Kinder rollen einen Ball in Schlangenlinie um die Mh.
- Mit den Händen die Teppichfliese um die Mh schieben.
- Wie zuvor, aber als Partnerübung mit dem Rollbrett.
- Jedes Kind trägt ein Hütchen auf dem Kopf und balanciert über die Hallenlinien.
- Wie zuvor, aber das Mh mit gestreckten Armen senkrecht über dem Kopf tragen.
- Die Kinder sind kleine Zwerge und balancieren die Mh über die Bank, evtl. auch über die umgedrehte Bank.
- Ein Partner hält das Mh an der Kegelspitze fest, sein Partner versucht, aus verschiedenen Entfernungen in den Korb zu treffen.
- „Kamelreiten“:
  Ein Kind befindet sich in der Bankstellung, der Partner stellt ein oder mehrere Mh auf dessen Rücken. Dabei hebt und senkt das in der Bank befindliche Kind den Rücken.
- Im Sitz die Beine rechts und links über das Mh führen.
- Als Gewichtheber wird das Mh mit gestreckten Armen über dem Kopf gehalten. Bis auf die Zehenspitzen strecken und senken in die halbe Kniebeuge, mehrmals im Wechsel.
- Hockwenden über die Mh ausführen. Wer setzt die Füße am leisesten auf?

Kleine Spiele

- „Fang den Ball“. In der Mitte steht der Leiter wie ein „Tennistrainer“ mit 30 bis 50 Tennisbällen im Korb bzw. Kasten. Jedes

Abb. 113

Kind hält ein Mh und trägt es an der Kegelspitze als Fanggerät. Der Übungsleiter wirft nacheinander in alle Richtungen alle Bälle. Der Ball darf nur mit dem Mh gefangen werden. Der aufgefangene Ball wird sofort zum Kasten gebracht. Das Spiel ist beendet, wenn der Korb leer ist.

- „Trefferball“:
  Zwei Bänke stehen quer in der Halle oder werden eingehängt und mit vielen Mh versehen. Zwei Gruppen werfen mit kleinen Soft- oder Tennisbällen die Hütchen ab **(Abb. 114)**.
- Zwei Bänke schräg in die Sprossenwand hängen. Fünf bis acht Mh werden umgedreht mit der Öffnung nach oben eingehängt. Wir versuchen nun aus verschiedenen Entfernungen, den Ball in die Hütchen zu treffen.
- Die Mh werden auf einer Hallenlinie nebeneinander aufgestellt. Die Kinder versuchen, „ihr“ Mh durch einen gezielten Kegelwurf mit dem Tennisball nach vorn zu schieben. Wer erreicht zuerst die Ziellinie? Umgeworfene Mh müssen am Ausgangspunkt aufgestellt werden.
- „Hütchenfußball“:
  Mehrere Mh stehen in der Halle verteilt. Alle Teilnehmer spielen mit dem Softball „Fußball-Dribbelschule“, führen also den Ball abwechselnd einmal mit dem Innen- und Außenrist. Auf ein Zeichen des Übungsleiters stoppen sie den Ball mit der Fußsohle und versuchen sofort, ein Hütchen in der Halle mit einem „Schuss“ zu treffen.
- „Softeisstaffel“:
  Als Pendelstaffel transportieren die Kinder mit dem umgedrehten Mh einen farbigen Luftballon oder Softball über eine längere Strecke.

Abb. 114

Gymnastikstab

Material: Gymnastikstab

Durch vielfältige Bewegungsaktivitäten und gemeinsames Spielen und Üben mit dem Gymnastikstab können Kinder ihre motorischen Grundfertigkeiten schulen sowie durch individuelle Entfaltungsmöglichkeiten eine bessere Bewegungsqualität erreichen. Offene Unterrichtssituationen sollen die Kinder anregen mit dem Stab, allein oder mit dem Partner, Bewegungsformen zu finden und zu erproben. Wichtig hierbei ist, sich mit anderen gemeinsam zu bewegen, mit dem Partner zu spielen und Sport zu treiben.

Erwärmung

- Alle Kinder schließen oder verbinden ihre Augen und erhalten dann vom Leiter der Gruppe einen Stab. Die Teilnehmer untersuchen den Stab mit geschlossenen Augen und verbalisieren ihre Wahrnehmungen, z. B. der Gegenstand ist hart oder weich, lang oder kurz, leicht oder schwer, rau oder glatt bzw. groß oder klein. Danach legen alle Kinder den Stab auf den Boden, öffnen ihre Augen und umlaufen alle Stäbe (evtl. auch nach Musik).
- Die Teilnehmer nehmen die Stäbe quer in Hochhalte und gehen auf Zehenspitzen bzw. in der leichten Hocke.
- Die Kinder legen den Stab auf den Boden und hüpfen auf einem Bein (links oder rechts), beidbeinig, im Hopserlauf oder im Seitgalopp um den eigenen Stab.
- Die SS führen Hockwenden oder Wedelhüpfer aus.
- Zwei Partner stehen sich gegenüber, fassen sich an und führen gegengleich Wedelhüpfer aus.

Mobilisierende und stabilisierende Übungsformen

- Die Partner stehen sich gegenüber und halten rechts und links an den Enden einen Stab. Sie schwingen mit locker hängenden

Abb. 115

Armen wie eine Lokomotive den Stab abwechselnd vor und zurück **(Abb. 115)**.
- Beide Stäbe werden gleichzeitig vor- und zurück geschwungen.
- Wie zuvor, aber in kreisenden Bewegungen vorwärts.
- Die Partner heben einen Stab hoch und halten den anderen tief. Wechselseitig wird der Stab wie eine Pumpe auf- und abwärts bewegt.
- Wie zuvor, aber in kreisenden Bewegungen vorwärts.
- Die Partner heben einen Stab hoch und halten den anderen tief. Wechselseitig wird der Stab wie eine Pumpe auf- und abwärts bewegt.
- Die Kinder heben den Stab links und rechts gleichzeitig seitwärts in die Senkrechte.
- Die Teilnehmer stellen den Stab auf den Boden und winden sich, ohne loszulassen, durch den haltenden Arm **(Abb. 116)**.
- Die Kinder sitzen im Schneidersitz, halten senkrecht den Stab und führen ihn in die Nackenposition und zurück.
- Aus dem Sitz den Stab unter beide Fußgewölbe halten, die Beine anwinkeln und eine Rückenschaukel ausführen.
- Dieselbe Übung; wir strecken und beugen abwechselnd die Beine.

Bogenschießen seitwärts als Beweglichmachung der Hals- und Nackenmuskulatur. Kinder halten den Stab hinter dem Nacken und ziehen den abgewinkelten Arm zur Seite. Der andere Arm wird dabei gestreckt. Bei dieser Übung schauen wir zur Stabspitze.

Vielfältige Bewegungsaufgaben mit dem Stab

- Der Stab wird mit leichter Körperverlagerung senkrecht von einer Seite zur anderen Seite geworfen und wieder mit einer Hand aufgefangen.
- Zwei Partner stehen sich gegenüber, halten hüfthoch den Stab und führen gemeinsam den Seitgalopp aus.
- Rhythmusschulung als Gruppenarbeit: Im Abstand von 2 Meter knien mehrere Partner in der Reihe und halten in Bauchnabelhöhe einen Stab. Die anderen Partner

Abb. 116

springen im Zweierrhythmus über die Stäbe. Nach mehreren Durchgängen wird gewechselt.

- Alle Kinder tragen den Stab fest mit einer Hand senkrecht durch die Halle. Wer kann die Übung mit einem Finger **(Abb. 117)**?

Allgemeine Kräftigung mit dem Stab in der Gruppe

- Die Partner turnen in 3er Gruppen.
- Schüler A + B stehen mit Blick in die Bewegungsrichtung und halten den Stab hüfthoch mit beiden Händen fest. Der Schüler C hängt sich aus dem Sitz vorlings im Ristgriff mit Blick zum Stab an den Stab und läuft auf den Fußballen zur anderen Hallenseite. Am Ende der Hallenseite wird gewechselt.
- Wie zuvor, aber alle Übungen im Kammgriff.
- Wie zuvor, aber im Zwiegriff.
- Die gleiche Übung, die Kinder fassen den Stab wieder im Kammgriff an und laufen durch die Halle. Auf Zuruf versucht der mittlere Schüler, beide Beine anzuhocken (kleiner Klimmzug) und lässt sich einige Meter tragen.
- Paarweise halten wir den Stab in der Hockstellung mit leichter Vorhalte und zeigen den „Kosakentanz".
- In Dreiergruppen den Stab vor der Brust halten und eine Ruderbewegung ausführen.
- Rückenlage, Beine anstellen, leicht mit dem Oberkörper aufrichten und den Stab in Richtung der Knie führen und ihn einige Sekunden halten. Dabei wird der Kopf leicht angehoben.

Kleine Spiele und Kunststücke mit dem Stab

- Figurenlegen: Vierergruppen erhalten je 10 Stäbe und versuchen in Staffelform, im letzten Drittel der Halle auf dem Boden Figuren zu legen.
- Flussüberquerung: Alle Kinder stehen sich paarweise in der Gasse auf der Weichbodenmatte gegenüber und halten einen Stab. Ein Mitschüler versucht, den Steg zu überqueren **(Abb. 118)**. Schaffen alle Teilnehmer nacheinander die Gasse zu überqueren?

Abb. 117

Abb. 118

- Reaktion und Geschicklichkeit: Kreisaufstellung, dabei hält jeder Mitspieler den Stab mit einer Hand senkrecht auf den Boden. Auf Zuruf, Handklatsch o. ä. lassen wir den eigenen Stab los, gehen kreisförmig weiter und versuchen, den Stab des Nebenmannes zu fassen. Sollte der Stab umfallen, scheidet der Partner aus und bildet mit den ausgeschiedenen Partnern eine neue Kreisformation. Hinweis: Entfernung zum Nachbarn nicht zu groß machen
  Variation: die Laufrichtung ändern.
- Hexenritt: Alle Kinder klemmen den Stab zwischen die Beine und reiten durch die Halle.
- Eisenbahn: Die Teilnehmer stehen jeweils zu Paaren hintereinander und halten links und rechts den Stab. Nach der Musik: „ Eisenbahn, Eisenbahn, immer mit der Eisenbahn ...!“ gehen, laufen und schnaufen die SS durch die Halle.
- Eishockey: Alle Kinder schieben mit dem Stab den Tennisring durch die Halle. Auf Zuruf oder Pfiff wird der Tennisring unterhalb eines Sprungkastens, der an der Stirnseite der Halle steht, geschoben (geschlenzt). Alternativ können auch mehrere Sprungkästen in der Halle verteilt werden.

*) erschienen in der Zeitschrift „turnen und sport“, Ausgabe 5/2002

Eigene Ideen und Anmerkungen:

Luftmatz

Material: Luftmatz (spezielle Hülle für Luftballons)

Gegenstände die beweglich sind oder fliegen, reizen Kinder immer wieder, sie in den Besitz zu nehmen, um eigene Spielhandlungen auszuprobieren. Spielen als zentrales Motiv unserer Kinder führt schnell zu Interaktionen mit anderen. Mit dem Luftmatz sollen sich die Kinder zunächst im Einzelspiel individuell auseinandersetzen, um danach mit dem Partner dem Spiel einen kooperativen Charakter zu geben.
Der Luftmatz regt zu vielfältigen Bewegungen an, fördert die Gewandtheit, Geschicklichkeit, Bewegungskoordination und trägt oft zur Verfeinerung der Bewegungsqualität und des Bewegungsausdrucks bei.
Der Luftmatz ist eine spezielle Hülle für Luftballons. Ein Luftballon wird in die kleine Öffnung der Ballonhülle gesteckt und dann aufgeblasen. Ist der Ballon aufgeblasen, dreht (zwirbelt) man nur das Ende des Luftballons (Nippel) ein paar Mal und steckt es in die Ballonöffnung. Es gibt den Luftmatz aus Seidenburette oder aus Baumwolle. Sollt der Luftballon wider Erwarten platzen, kann die Hülle immer wieder neu befüllt werden. Dieser Ball kann hervorragend im Sportförderunterricht sowie im psychomotorischen Bereich eingesetzt werden. Da die Flugeigenschaft gegenüber herkömmlichen Bällen sehr langsam ist, kann jedes Kind seine Bewegungen dementsprechend anpassen.

Allgemeine Kräftigung

- Alle Kinder treffen sich in Vierergruppen, setzen sich auf den Luftmatz und denken sich Übungsformen aus **(Abb. 119)**.
- Die Kinder nehmen ihren Ball unter den Arm, laufen (evtl. mit Musik) kreuz und quer durch die Halle und spielen frei mit dem Luftmatz (LM).
- Die Teilnehmer laufen durch die Halle, bleiben auf Zuruf stehen und halten auf Zehenspitzen den LM hoch über dem Kopf.

Abb. 119

- SS rollen ihre Bälle kreuz und quer durch die Halle; dabei hat aber eine Hand immer Ballkontakt.
- Wir rollen den Ball fort, laufen hinterher, überspringen den LM und nehmen ihn wieder auf. Diese Übung wird öfter wiederholt.
- Die Kinder stehen in der Grätsche und rollen den LM in Achterform um die Beine **(Abb. 120)**.
- Wir sitzen mit dem Partner im Grätschsitz und übergeben uns mit leichter Beuge die Bälle.
- Die gleiche Übung, wir rollen aber den LM über die gegrätschten Beine.
- Wir sitzen im Schneidersitz und halten den LM mit gestreckten Armen in die Höhe.
- Mehrere Kinder legen sich sternförmig auf den Turnhallenboden und heben den Oberkörper mit gestreckten Armen und Blick auf den Boden in die Höhe **(Abb. 121)**.
- Wir setzen uns mit angewinkelten Beinen gegenüber und reichen uns mit einer leichten Wippbewegung den LM zu.
- Die Kinder legen sich bäuchlings auf den LM und halten das Gleichgewicht.
- Wir stellen uns an die Wand und halten mit dem Rücken den LM.
- Dieselbe Form als Fahrstuhl; dabei rollt der Ball vom Schultergürtel bis zum Kreuzbein **(Abb. 122)**.
- Zwei Partner stehen Rücken an Rücken und rollen den LM auf- und abwärts. Wichtig: Kniewinkel kleiner als 90°.
- Im Stütz rücklings heben wir das Becken und die Partner rollen den LM durch die Brücke und nehmen ihn auf der anderen Seite wieder auf.
- Wir hüpfen mit dem LM wie ein Känguru.

Werfen und Fangen

- Die Kinder werfen im Stand ihre Bälle hoch und fangen ihn aus der Luft auf **(Abb. 123)**.
- Die gleiche Übung im Gehen und Laufen.
- Hochwerfen und über dem Kopf fangen.
- Hochwerfen und vor der Brust fangen.
- Wir werfen den LM hoch, klatschen in die Hände und fangen ihn wieder auf. Wer kann die Übung zweimal?
- SS werfen den LM hoch, berühren schnell

Abb. 120

Abb. 121

den Boden und fangen ihn wieder auf.

- Wir werfen den Ball über den Rücken an die Wand.
- Die Kinder werfen den LM gegen die Wand und fangen ihn wieder auf. Wer kann den LM dabei mit einer Hand fangen?
- Alle Kinder werfen den LM an die Wand, klatschen 2 bis 3 Mal in die Hände und fangen den Ball wieder auf.
- Wir fangen den vom Partner zugeworfenen Ball.
- Zielwerfen in den umgedrehten Sprungkasten.

Prellen

Hinweis: Der LM darf beim Prellen nicht geschlagen sondern muss kräftig gedrückt werden. Die Hand bildet ein Dach, d. h. Finger und die Handfläche berühren den Ball.

- SS prellen im Stand mit beiden Händen den LM auf den Boden
- Wir prellen in der Bewegung vor- und rückwärts.
- Wir pellen mit beiden Händen auf den Boden und fangen den LM mit einer Hand.
- Die Kinder prellen im Stand mit der linken, dann mit der rechten Hand. Wir versuchen, aus der leichten Grätschstellung den Ball von einer Hand zur anderen zu prellen (v-förmig).
- Alle Kinder prellen den LM durch die eigenen gegrätschten Beine, wenden sich um 180° und fangen den Ball wieder auf.
- Wir prellen mit einer Hand im Stand, mit Richtungsänderungen und in der Bewegung.
- Die Kinder gehen mit dem LM und prellen auf allen Hallenlinien.
- Alle Teilnehmer prellen mit beiden Händen im Stand und hüpfen mit beiden Beinen im Rhythmus (Silbenprellen: EI-SEN-BAHN etc.)

Kleine Spiele

- Wettwanderball: Alle Mitspieler stehen im Kreis und spielen sich in einer vorgegebenen Reihenfolge den LM zu.
- Die gleiche Übung, wir setzen aber mehrere Bälle ein.
- Wir bilden einen Innen- und Außenkreis.

Abb. 122

Abb. 123

Welche Gruppe hat als erstes eine, zwei oder drei Runden geschafft?

- Tigerball: SS bilden einen Kreis. Im Innenkreis steht ein Mitspieler, der Tiger. Die außenstehenden Spieler werfen sich kreuz und quer den LM zu. Der Tiger versucht, den Ball zu berühren. Bei Berührung muss der werfende Mitspieler den Tiger ablösen.
- Zehnerball: Zwei Mannschaften spielen sich den LM zu. Beim Zuwerfen oder Zupassen darf der LM den Boden nicht berühren. Berührt die gegnerische Mannschaft den Ball oder passen sich 2 Teilnehmer den LM öfter als dreimal zu, ist Mannschaftswechsel. Das Spiel beginnt dann wieder mit der Nullrunde. Welche Mannschaft hat zuerst 10 Punkte?
- Kastenball: An jeder Stirnseite der Halle steht jeweils ein kleiner Sprungkasten mit einem Schüler als Torwart. Durch direktes Zuspielen innerhalb der eigenen Mannschaft wird versucht, dem eigenen Torwart den LM zuzuspielen. Fängt der Torwart den Ball, wechselt er mit dem Zuspieler und die andere Mannschaft erhält den LM zum Gegenangriff. Wichtig: Der Ball darf von allen Seiten dem Torwart zugespielt werden. Natürlich schirmt der Gegner den Kasten kreisförmig ab.

Kleine Technikschulung

- Wir pritschen und baggern uns den LM zu.
- Die Kinder treiben den LM mit den Füßen wie Fußballer durch die Halle. Dabei hat immer ein Fuß Ballkontakt.
- Die gleiche Übung; wir schießen aber nach dem Dribbling auf das Tor.
- Alle Kinder üben das Kopfballspiel **(Abb. 124)**.

*) erschienen in der Zeitschrift „turnen und sport", Ausgabe 10/2002

Abb. 124

Mini-Sportspiele mit Alltagsmaterialien und Kleingeräten an 10 Stationen

Die folgende Zusammenstellung von 12 Materialien zur Bewegungsförderung in Form eines Sportspiel- oder Projekttages kann für Kinder im Elementar- und Primarbereich durchgeführt werden.

Die Kinder werden in 2 Gruppen eingeteilt und von je 2 Eltern oder Lehrern geführt. Ein Betreuer übernimmt die Hilfestellung oder führt die Schreiblisten der einzelnen Schüler.

Mit dem Aufbau, einer Erwärmung und dem Begrüßungslied (s. S. 132) beginnt der Spieltag. Er endet nach der Durchführung der 10 Mini-Sportspiele mit der Urkundenverleihung (s. S. 134) und dem gemeinsamen Abschlusslied (s. S. 133) für alle Teilnehmerinnen bzw. Teilnehmer.

Diese Form der Sportspiele ist eine behutsame Einführung ohne Leistungskriterien, bei der nicht die sportspezifischen Bewegungsfertigkeiten im Vordergrund stehen.

Es geht vor allem um Freude und Spaß bei verschiedenen Übungen, zur Schulung von Koordination, Geschicklichkeit, Beweglichkeit und Ausdauer. Die individuelle Leistung der Kinder wird zum Schluss durch eine Teilnahmeurkunde gewürdigt.

Der Schülerbogen (siehe Seite 125) wird nach Durchführung dem jeweiligen Leiter ausgehändigt und kann als Grundlage zur Feststellung evtl. Auffälligkeiten bzw. Förderungsmöglichkeiten dienen.

10 Stationen für die Mini-Sportspiele (siehe Seite 126ff.)

1. Teppichfliesen mit den Händen über eine 10 m Distanz schieben
2. Tennisring hoch werfen und fangen (5 Versuche)
3. Zeitungsball 5 Mal auf Tore (umgedrehte Kästen) schießen
4. Springen in einem bestimmten Rhythmus über Haushaltsrollen (Abstand von 1 m)
5. Luftballonwiege: 5 Mal Rückenschaukel (Luftballon wird zwischen Bauch und Beinen geklemmt)
6. Seilspringen auf der Stelle (mindestens 5 Durchschläge)
7. Rollbrettfahrt in Bauchlage um Markierungshütchen
8. Schiebegang mit Bierdeckeln (diagonal: Hand und Fuß) über eine ca. 5 m Distanz
9. Mannequin: Balancieren auf einer umgedrehten Langbank über einen Reifen mit einem Bohnensäckchen auf dem Kopf
10. Kriechgang durch große, geöffnete Kartons

Stationen für die Mini-Sportspiele

Name: ______________________________

Klasse: ______________________________

Datum: ______________________________

Aufgaben	**erfüllt**	**teilweise erfüllt**	**nicht erfüllt**
1. Teppichfliesen mit den Händen über eine 10 m Distanz schieben			
2. Tennisring hoch werfen und fangen (5 Versuche)			
3. Zeitungsball 5 Mal auf Tore (umgedrehte Kästen) schießen			
4. Springen über Haushaltsrollen (Abstand von 1 m)			
5. Luftballonwiege: 5 Mal Rückenschaukel, dabei Luftballon zwischen Bauch und Beinen einklemmen			
6. Seilspringen auf der Stelle, mindestens 5 Durchschläge			
7. Rollbrettfahrt in Bauchlage um Markierungshütchen			
8. Schiebegang mit Bierdeckeln (Hand und Fuß) über eine ca. 5 m Distanz			
9. Mannequin: Balancieren auf einer Langbank über einen Reifen mit einem Bohnensäckchen auf dem Kopf			
10. Kriechgang durch große geöffnete Kartons			

1
2
3
4
5
6
7
8
9
10

1. Station:

Schieben von Teppichfliesen unter den Händen (10 m Distanz)

B. Eckers

2. Station:

Hochwerfen und Fangen eines Tennisringes (5 Versuche)

B. Eckers

3. Station:

Schießen eines Zeitungsballes **(5 mal auf Tore)**

B. Eckers

4. Station:

Springen über Haushaltsrollen **(Abstand von 1 m)**

B. Eckers

5. Station:

Luftballonwiege (Rückenschaukel)

B. Eckers

6. Station:

Seilspringen auf der Stelle (mind. 5 Durchgänge)

B. Eckers

7. Station:

Rollbrettfahrt in Bauchlage

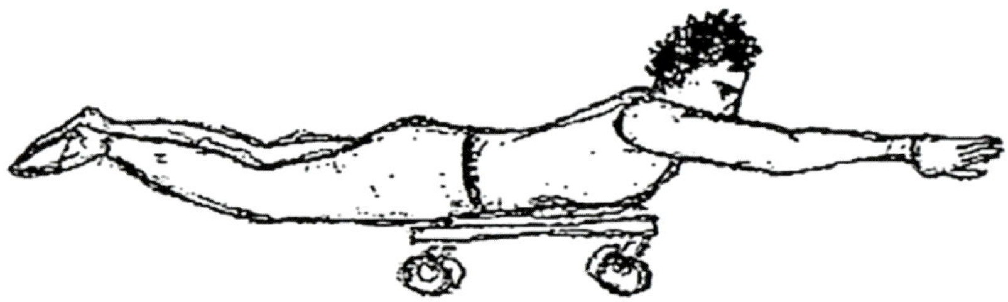

B. Eckers

8. Station:

Schiebegang mit Bierdeckeln (Diagonal: Hand und Fuß)

B. Eckers

9. Station:

Mannequin: Balancieren auf einer Langbank

B. Eckers

10. Station:

Kriechgang durch geöffnete Kartons

B. Eckers

Anfangslied zu den Mini-Sportspielen

Wir sind fröhlich

Wir sind fröhlich und
2 … wir stampfen mit dem Fuß …
3 … wir schnipsen mit den Fingern …
4 … wir rufen: „Jetzt geht's los." …

Abschlusslied zu den Mini-Sportspielen

Geht das Sportfest nun zu Ende

2. Strophe: Hatten 10 schöne Spiele,
liefen schnell auch durch die Ziele,
du und ich,
ich und du,
winken uns zum Abschied zu.

3. Strophe: Morgen (Montag ...) sehen wir uns wieder,
lesen, schreiben, singen Lieder,
du und ich,
ich und du,
winken uns zum Abschied zu.

Mini-Sportspiele

Urkunde

____

hat erfolgreich

an den Mini-Sportspielen teilgenommen.

__________________ __________________

Ort, Datum Unterschrift

Literatur

Ayres, Jean: Bausteine der kindlichen Entwicklung, Berlin 2002.

Beckheim, Yvonne: Erfolgreiche Kooperationsspiele. Soziales Lernen durch Spiel und Sport. Wiebelsheim 2007.

Butte, Alexander: Bewegungskünste und Zirkus in Schule und Verein. Celle 2008.

Frank, Gerhard: Fitness-Studio Turnhalle. Celle 2000.

Grüger, Constanze/Endres, Silke: Phantasievolle Spiel- und Bewegungsideen. Wiebelsheim 2009.

Moosmann, Klaus: Kleine Aufwärmspiele. Wiebelsheim 2009.

Moosmann, Klaus: Erfolgreiche Koordinationsspiele. Wiebelsheim 2010.

Rusch, R./Weineck, J.: Sportförderunterricht. Lehr- und Übungsbuch zur Förderung der Gesundheit durch Bewegung. 3. Aufl., Schorndorf 1998.

Schaffer, Karin: Bewegen, Spielen und Tanzen für Kinder im Vor- und Grundschulalter. Celle 1997.

Sport Praxis. Die Fachzeitschrift für Sportlehrer und Übungsleiter. Limpert Verlag: Wiebelsheim.

Turnen & Sport. Zeitschrift für Übungsleiter/innen, Trainer/innen, Gymnastik- und Sportlehrkräfte. Pohl-Verlag: Celle.

Zimmer, Renate: Bewegung, Sport und Spiel mit Kindern. Lehr- und Lernmaterialien zur frühkindlichen Bewegungserziehung. 2. Aufl., Aachen 1995.

Zimmer, R./Circus, H.: Psychomotorik. Neue Ansätze im Sportförderunterricht und Sonderturnen. 5. Aufl., Schorndorf 1999.

Constanze Grüger / Silke Endres

Phantasievolle Spiel- und Bewegungsideen

für Kindergarten, Vorschule und Verein

Die Autorinnen stellen über 200 Spiel- und Bewegungsideen vor, die mit alltäglichen Materialien und wenig Vorbereitungszeit ein Maximum an Bewegungserfahrungen schaffen. Sie können sowohl drinnen als auch im Freien eingesetzt werden.

2. Auflage 2009. 96 S., 81 farb. Abb., kart.
ISBN 978-3-7853-1794-5, Best.-Nr. 343-01794 **€ 9,95***

Klaus Moosmann

Kleine Aufwärmspiele

In diesem Buch finden Lehrer und Übungsleiter fast 150 Spiele, die eine funktionelle und abwechslungsreiche Erwärmung unter kreativem Einsatz verschiedener Materialien gewährleisten.

8. Auflage 2011. 112 S., 43 farb. Abb., kart.
ISBN 978-3-7853-1835-5, Best.-Nr. 343-01835

€ 16,95*

Antje Witting / Yvonne Dörken

Bewegte Konzentrationsförderung

100 neue und bewährte Übungen und Spiele

Lehrer und Übungsleiter finden in diesem Buch 100 neue Spiele und Übungen zur Konzentrationsförderung, die sich in der Praxis bestens bewährt haben.

2009. 128 S., 53 farb. Abb., kart.
ISBN 978-3-7853-1773-0, Best.-Nr. 343-01773 **€ 14,95***

W. Bein-Wierzbinski / Ch. Heidbreder-Schenk

Konzentration und Körperhaltung erfolgreich fördern

40 Bewegungsspiele für Turnhalle und Klassenraum

Die in diesem Buch vorgestellten Bewegungsübungen führen schon nach wenigen Wochen bei vielen Schülern zu einer positiven Veränderung in der Körperwahrnehmung, in der Konzentrationsfähigkeit sowie in der Feinmotorik. Sie lassen sich sowohl im Klassenraum als auch in der Turnhalle einsetzen.

2010. 96 S., 176 farb. Abb., 5 Tab., kart.
ISBN 978-3-7853-1819-5, Best.-Nr. 343-01819 **€ 14,95***

LIMPERT

Limpert Verlag GmbH
Industriepark 3 · 56291 Wiebelsheim
Tel. 06766/903-160 · Fax 06766/903-320 · E-Mail: vertrieb@limpert.de
www.verlagsgemeinschaft.com